John & Stacy Eldredge

Das wilde Herz der Ehe

40 Andachten

Deutsch von Ulrike Becker

Gerth Medien

FSC
www.fsc.org
The mark of responsible forestry
FSC® C017859

Papier Verlagsgruppe Random House FSC-DEU-0100
Das für dieses Buch verwendete FSC-zertifizierte Papier *EOS*
liefert Salzer, St. Pölten.

Die amerikanische Originalausgabe erschien im Verlag
WaterBrook Multnomah, an imprint of the Crown Publishing Group,
a division of Random House, Inc., New York.
unter dem Titel: „Love & War Devotional for Couples".

1. Auflage 2011
Bestell-Nr. 816 650
ISBN 978-3-86591-650-1

Umschlaggestaltung und Illustration: JoussenKarliczek GmbH, Schorndorf
Satz: Die Feder GmbH, Wetzlar
Druck und Verarbeitung: CPI Moravia

Einleitung

Wir leben unser Leben Moment für Moment – in zeitlichen Portionen, die wir auch wirklich bewältigen können. Auch unsere Ehen führen wir auf diese Weise. Wir leben nicht von einem Hochzeitstag zum nächsten, noch nicht einmal von einem Monat zum nächsten, sondern Tag für Tag – im ganz gewöhnlichen Kommen und Gehen der Zeit.

Die Entscheidungen, die wir im jeweiligen Augenblick fällen, bestimmen über das Leben, das wir entweder genießen können oder durch das wir uns hindurchquälen müssen. Darum gibt es dieses Andachtsbuch zu „Das wilde Herz der Ehe“. Es soll ein täglicher Begleiter für Sie und Ihre Ehe sein, ein Werkzeug, das Ihnen helfen soll. Wir laden Sie ein, uns acht Wochen lang zu begleiten – fünf Tage die Woche –, um tiefer in die verschiedenen Dimensionen Ihrer Ehe einzudringen. Wir konzentrieren unseren Blick auf die Bibel; auf das, was Gott auf dem Herzen hat, und auch auf das, was er Ihnen und Ihrem Ehepartner aufs Herz gelegt hat.

Diese Reise, auf der wir uns ein Leben lang befinden, soll uns verändern. Wir sind auf dieser Welt, um zu lernen, wie man liebt. Und wie lernt man das? Schritt für Schritt. Stunde um Stunde. Tag für Tag. Woche für Woche. Wenn es richtig läuft, wachsen unsere Ehen und werden zu dem, wozu Gott sie gedacht hat und wonach wir uns letztlich sehnen. Jeder von uns lernt, mehr zu lieben.

Lernen wir doch gemeinsam!

Die erste Woche

Erinnern wir uns daran, was wir einmal wollten

1. Tag
Wenn die Romantik den Boden der Realität erreicht

Wir lieben, weil Gott uns zuerst geliebt hat.
1. Johannes 4,19

Unser Buch beginnt an dieser Stelle: Verheiratet zu sein ist unglaublich hart!

Jeder verheiratete Mensch weiß das. Und doch erwischt es uns Jahre nach der Eheschließung noch eiskalt – jeden von uns. Wenn jungverheiratete Paare entdecken, wie schwierig es ist, sind sie verblüfft. Ja, sogar schockiert und entmutigt. *Mache ich etwas falsch? Habe ich überhaupt den richtigen Partner geheiratet?* Die Sirenen, die uns einst in die Ehe lockten – Romantik, Liebe, Leidenschaft, Sex, Sehnsucht, Zugehörigkeit –, scheinen von der Realität des Ehelebens so weit entfernt, dass wir fürchten, einen riesigen Fehler gemacht zu haben. So als habe man den falschen Bus genommen oder den Flieger verpasst. Und so trifft uns die Härte des Ehelebens auch als etwas, wofür wir uns irgendwie schämen. (Ist es Ihnen etwa nicht peinlich zuzugeben, wie schwierig Ihre Ehe ist?) Vielleicht passiert das ja nur uns?

Nein. Es trifft jeden! Das können wir ohne Umschweife sagen. Je eher wir den Umweg der Scham und Irritation bemerken, umso schneller können wir den Kurs korrigieren. Wenn Sie die erste Ehe der Menschheitsgeschichte genauer betrachten – jene beinahe glücklich endende Geschichte aus dem ersten Buch Mose –, werden Sie entdecken, dass auch Adam und Eva es nicht gerade leicht miteinander hatten. Und sie hatten noch nicht einmal Eltern, die ihnen ihre Kindheit versaut, oder Freunde, die ihnen lächerliche Ratschläge erteilt hätten! Der Sündenfall scheint sich während oder kurz nach den Flitterwochen ereignet zu haben. (Wie viele Flitterwöchner inszenieren dieses Drama wohl von Neuem?) Die Ärmsten gerieten in raue See, sobald sie Segel gesetzt hatten.

Wenn das die Geschichte der ersten Ehe ist, so ist sie recht ernüchternd. Doch sie kann uns auch Mut machen. *Es ist normal, wenn die Ehe hart ist!* Das gilt selbst für die besten Ehen.

Und Gott ist mittendrin!

Um das Leben und eine Ehe so führen zu können, wie wir es uns erhoffen, brauchen wir Gott. Und das ist gut so! Denn ohne ihn ist nichts so, wie es sein sollte. Doch mit ihm sind alle Dinge möglich.

Ja, die Ehe kann unglaublich hart sein. Doch das ist kein Grund zum Verzweifeln. Und es ist auch nicht der Wahrheit letzter Schluss. Jede Ehe, jede Beziehung hat unterschiedliche Phasen. Die Ehe soll guttun und schön sein, und meistens ist sie das auch. Und wenn sie manchmal hart ist, dann betrachten Sie diese Schwierigkeiten als eine Tür zu den viel reicheren Schätzen, die Jesus noch für uns bereithat! Es besteht Hoffnung!

Lieber Gott, am Anfang dieses Andachtsbuchs lege ich dir die Zeiten hin, die wir damit verbringen werden, damit du sie für deine Zwecke nutzt. Zieh mich näher an dein Herz und vertiefe unsere Ehe auf jede nur erdenkliche und gute

Weise. Manchmal ist es hart. Manchmal sogar schmerzhaft. Auch in diese Augenblicke lade ich dich ein. Geh deinen Weg mit mir, mit meinem Ehepartner und mit unserer Ehe. Wir brauchen dich. In Jesu Namen. Amen.

Mehr noch: Wir rühmen uns sogar der Leiden, die wir für Christus auf uns nehmen müssen. Denn wir wissen: Durch Leiden lernen wir Geduld, durch Geduld kommt es zur Bewährung, durch Bewährung festigt sich die Hoffnung. Unsere Hoffnung aber wird uns nicht enttäuschen. Denn dass Gott uns liebt, ist uns unumstößlich gewiss. Seine Liebe ist ja in unsere Herzen ausgegossen durch den Heiligen Geist, den er uns geschenkt hat.
Römer 5,3-5

2. Tag
Lassen Sie das Verlangen zurückkehren

Denn der Sohn des Menschen ist gekommen,
zu suchen und zu retten, was verloren ist.
Lukas 19,10 (Elberfelder 2006)

Sehen Sie, wir alle verlieren irgendwann auf unserer Ehe-Reise den Mut. Jeder von uns.

Vielleicht finden wir einen Weg, unsere Enttäuschungen zu verkraften. Und vielleicht tun wir unser Bestes, um uns gegen die Resignation zu stemmen, doch irgendwie verschafft sie sich Zutritt. Wir geben auf, was wir einmal wollten und erträumten und wozu wir geschaffen wurden. Wir richten uns ein. Manchmal vergessen wir sogar ganz, welche Ziele wir uns einmal gesetzt hatten!

Weil die Ehe hart, manchmal schrecklich hart ist, besteht unser erster großer Kampf darin, nicht den Mut zu verlieren. Das beginnt damit, dass wir unser ursprüngliches Verlangen zurückgewinnen – das Verlangen nach der wahren, großen Liebe, die uns ins Herz geschrieben wurde. Lassen Sie dieses Verlangen neu zu. Lassen Sie zu, dass es Sie an all das erinnert, was Sie einmal wollten und wozu Sie geschaffen wurden. Und dann denken Sie über folgende Möglichkeit nach: Wie wäre es wohl, wenn Gott Ihnen das geben könnte, wonach Ihr Herz verlangt?

Wie wäre es, wenn Sie beide sich neu auf den Weg zu etwas Wunderschönem machen könnten?

Das wäre die Anstrengung wert.

Fragen Sie jetzt nicht: *Wie soll das gehen?* Das Wie kommt zu seiner Zeit; dabei können wir Ihnen helfen. Sie müssen mit dem *Verlangen* beginnen. Fangen Sie mit dem an, was Sie auf dem Herzen haben. Wovon haben Sie als junger Mann oder als junge Frau geträumt? Was wünschten Sie sich, als Sie sich zum ersten Mal verliebten?

Vater, ich danke dir für unsere Ehe. Danke für meinen Ehepartner. Herr, du weißt, wo wir beide in unserer Beziehung gerade stehen. Du kennst die Sehnsüchte, die wir damals in unsere Ehe mitgebracht haben – selbst die, über die wir uns nicht im Klaren waren. Und du allein weißt, was du dir für unsere Ehe wünschst.

Ganz neu lege ich meine Ehe vor dich hin. Ich überlasse mich selbst, meinen Ehepartner und unser Zusammenleben ganz dir und bitte dich, dass dein Wille in uns und durch uns geschieht. Heiliger Geist, entfache du die Glut in unserem Herzen – all das Verlangen, das wir verloren haben, all die Sehnsüchte, die du in uns hineingelegt hast und die wir aufgegeben haben. Entzünde das Feuer von Neuem. Erinnere uns wieder daran. Und richte unsere Augen auf dich, der die Quelle all dessen ist, was gut und liebevoll und lebenswert ist. Lass neue Hoffnung in uns wachsen. Amen.

Du öffnest deine wohltätige Hand, und alles, was lebt, wird satt.
Psalm 145,16

3. Tag
Ein herrliches Problem

Wie wohltuend ist es, wie schön, wenn Brüder [und Schwestern], die beieinander wohnen, sich auch gut verstehen!
PSALM 133,1

Die Ehe ist herrlich. Ja, und die Ehe ist manchmal schwierig. Na schön, sie ist oft schwierig. Doch das bedeutet nicht, dass wir etwas falsch machen. Es bedeutet nur, dass wir eben auch nur Menschen sind. Als John und ich heirateten, erwarteten wir, lauter Jahre voller Intimität, Fröhlichkeit und ungetrübter Freude vor uns zu haben. Unsere Erwartungen einer wie von selbst funktionierenden Ehe wurden sehr bald ... nicht erfüllt.

Wir waren verblüfft. Die meisten Ehepaare reagieren verblüfft. Aber was um Himmels willen erwarten wir von der Ehe? Sie bringt einen Mann und eine Frau zusammen – zwei Geschöpfe, die so unterschiedlich denken, handeln und fühlen, dass man meinen könnte, sie entstammten verschiedenen Sonnensystemen – und zwingt sie, für den Rest ihres Lebens unter einem Dach zu wohnen und miteinander auszukommen. Das ist ungefähr so, als würde man Huckleberry Finn und Aschenputtel zusammen in ein U-Boot sperren. Was dachten *Sie* denn, was passieren würde?

Ach, und wenn wir schon mal dabei sind, könnten wir in dieses Experiment auch noch all unsere Ängste, unsere Verletzungen, unsere Selbstverliebtheit, unsere Selbstzweifel und unsere feste Entschlossenheit zur Selbstverteidigung einbringen. Großer Gott! Wer nach einem eindeutigen Beweis für die Existenz Gottes fragt, braucht nicht länger zu suchen – die Tatsache, dass *überhaupt* Ehen diesen Test überstehen, ist ein Wunder erster Ordnung! Ein *bona fide*-Beweis dafür, dass es Kräfte in diesem Universum gibt, die sich zum Wohle der Menschen einsetzen.

All die Märchen über einen Jungen und ein Mädchen, die das Schicksal zusammenführt, damit sie sich zusammenraufen und ein gefährliches Abenteuer bestehen, und die beide eine tragische Schwachstelle haben – eine Achillesferse, die ständig schmerzt, sodass sie ihr Abenteuer nur mit Mühe bestehen ... diese Märchen treffen den Nagel auf den Kopf. Der Ehemann ist dieser Junge, die Ehefrau das Mädchen. Und Ihr Leben ist dieses Abenteuer, das mitten durch ein gefährliches Land führt.

Doch es ist herrlich, dass wir alle unterwegs sind, um zu dem Mann oder der Frau zu werden, die wir unserer Bestimmung nach sein sollen. Wenn wir mit Gott zusammenarbeiten und uns auf seine Sehnsucht für unser Leben einlassen, werden wir diesen Prozess beschleunigen.

Keiner von uns ist vollkommen. Nein, unsere Eigenheiten sind meist nicht sehr liebenswert! Wir haben mit unserem Ehepartner zwar viel gemeinsam, aber wir sind zugleich auch sehr unterschiedlich. Auf wunderbare und *herrliche* Weise unterschiedlich.

Lieber Gott, ich übergebe dir auch heute wieder mein Leben. Ich will der Mensch werden, als der du mich geschaffen hast. Zeig mir die Bereiche meines Lebens, in denen ich umkehren und mich von dir heilen lassen muss. Ich möchte mich zum Guten verändern. Ich beschließe hiermit, mit dir zusammenzuarbeiten. Herr, hilf mir, mein Leben und meine Ehe mit deinen Augen zu sehen. Ich will mehr für unsere Ehe, als dass wir nur irgendwie klarkommen. Ich will so viel Leben und Freude und Einheit, wie nur möglich ist! In Jesu Namen. Amen.

Allem bin ich gewachsen durch den, der mich stark macht.
PHILIPPER 4,13

4. Tag
Die Ehe steht im Zentrum der Geschichte

Ich gebe euch jetzt ein neues Gebot: Ihr sollt einander lieben!
JOHANNES 13,34

Die Bibel beginnt mit einer Ehe und endet mit einer Ehe. Die Rolle, die uns in dieser großartigen Geschichte zugedacht ist, beginnt und endet mit einer Ehe. Oh Mann, was haben wir da übersehen? Warum gibt Gott der Ehe eine solch zentrale Rolle in seiner Erlösungsgeschichte? Was weiß er, was wir noch nicht erkennen?

Fangen wir doch damit an: Liebe Freunde, dies ist eine Liebesgeschichte.

Gott ist Liebe, so sagt uns der Apostel Johannes und wiederholt es gleich, damit wir es ja nicht vergessen: „Gott ist Liebe. Wer in der Liebe lebt, lebt in Gott und Gott lebt in ihm" (1. Johannes 4,16). Liebe ist das wichtigste Merkmal, das Gottes Wesen auszeichnet. Gott ist ein leidenschaftlicher und eifersüchtiger Liebhaber. (Gibt es überhaupt eine andere Art von Liebhaber?) Aus seiner Liebe heraus hat er uns auf Liebe hin geschaffen.

„Wir lieben, weil Gott uns zuerst geliebt hat" (1. Johannes 4,19). Die Bibel sagt uns, dass wir nach Gottes Ebenbild geschaffen wurden. Sie werden auch schon bemerkt haben, dass wir

Menschen vor allem und zutiefst *Beziehungswesen* sind. Weil *er* so ist!

Gott ist der Dreieinige, eine Gemeinschaft der Liebe. Liebe und Vertrautheit stehen im Zentrum seines Seins, und darum gibt er jedem von uns ein Herz, das seinem gleicht. Auf diese Weise drückt er aus, was er im Tiefsten beabsichtigt – zu lieben und geliebt zu werden.

Es ist schließlich eine Liebesgeschichte.

Warum sonst sollte die Liebe unsere größte Herzenssehnsucht sein?

Lieber Gott, mir wird allmählich bewusst, dass die Liebe das zentrale Merkmal der Geschichte ist, die du schreibst. Liebe steht im Zentrum aller Dinge. Ja, ich möchte geliebt werden. Und ich möchte ein liebevoller Mensch sein. Danke, dass du mich liebst – unendlich, vollkommen und auf wunderbare Weise. Durchdringe mich ganz mit deiner Liebe. Öffne mir die Augen, damit ich klarer erkennen kann, wie sehr du mich liebst. Lass deine Liebe durch mich hindurchfließen. Amen.

Dann sah ich einen neuen Himmel und eine neue Erde. ... Ich sah, wie die Heilige Stadt, das neue Jerusalem, von Gott aus dem Himmel herabkam. Sie war festlich geschmückt wie eine Braut für ihren Bräutigam. ... „Komm! Ich werde dir die Braut zeigen, die Frau des Lammes!"

Offenbarung 21,1-2.9

5. Tag
Die größere Geschichte

Und er [Jesus] sagte ihnen vieles in Form von Gleichnissen.
MATTHÄUS 13,3

Gott schuf die Ehe als ein lebendiges, atmendes Porträt seiner großen Geschichte, die für alle Augen sichtbar sein sollte. Eine Liebesgeschichte inmitten verzweifelter Zeiten. Eine große Saga von Erlösung, Heilung und Liebe. Gott gibt uns die Ehe, damit wir erkennen können, in welcher Haltung Gott uns begegnet. Dies ist die tiefste und geheimnisvollste Realität der Welt – dass Gottes Liebe wahrhaftig ist und dass Gott uns nachgeht.

Unsere Liebe ist ein Bild sowohl für Gottes Liebe als auch für Gottes Kampfbereitschaft. Das Maskuline und das Feminine, Mut und Opfer, ja und auch das: Blut, Schweiß und Tränen. Dies alles entfaltet sich vor unseren Augen und vor den Augen dieser Welt in jener Geschichte, die im tiefsten Sinn dieses Wortes von *der* wahren Liebe erzählt. Gott kämpft um das Herz seiner Menschen. Er ist ein tapferer König und Liebhaber, der nicht ruhen wird, ehe sein Volk frei ist.

Ihre Ehe ist Teil einer größeren Geschichte – einer Geschichte, die mindestens so romantisch und gefährlich ist wie jede andere, die Ihr Herz erbeben lässt. Warum ist sie so gefährlich? Weil die Liebe immer umkämpft ist. Je früher Sie das verstehen, umso eher begreifen Sie, was in Ihrer Ehe vor sich geht.

Wir jubeln dem Helden und der Heldin in Filmen und Märchen zu, weil wir erkennen, wie viel auf dem Spiel steht – ein Königreich hängt von ihrem Erfolg ab! Doch im Blick auf unsere eigene Ehe fehlt uns dieser klare Zusammenhang. Es würde uns vermutlich schwerfallen, auch nur eine Sache zu nennen, die wirklich von uns abhängt – mal abgesehen von unserem Verstand und Großmutters Tafelsilber.

Ich wette, dass all die Verwirrungen, Missverständnisse, Auseinandersetzungen und Enttäuschungen in unseren Ehen zu 90 Prozent damit zusammenhängen, dass wir nicht begreifen, worum es Gott geht.

Gott ist ein großer Liebhaber, und er hat die Ehe geschaffen, um dieser Welt ein dauerhaftes, lebendiges Bild für die vertraute Beziehung zu geben, die er sich zu seinem Volk wünscht. *Schluck!* Darum nimmt die Ehe eine derart zentrale Rolle ein. Sie ist eine Art Inkarnation, ein Drama über die Liebe und Vereinigung Jesu mit seiner Braut – voller Leidenschaft und Opferbereitschaft. Das mag Ihnen helfen zu verstehen, warum die rasende Wut der Hölle sich an der Ehe entfacht.

Lieber Jesus, bitte offenbare uns nicht nur, wie wichtig die Ehe generell ist, sondern lass uns auch erkennen, welche Bedeutung ***unsere*** *Ehe hat – für dich und dein Reich. Ich freue mich, dass du ein König bist, der zu uns gekommen ist und der nicht ruhen wird, bis sein Volk frei ist. Ich gebe dir unsere Ehe hin. Mach sie immer mehr zu einem Abbild deiner Liebe und der Geschichte, die du schreibst. Beschütze unsere Ehe. Bitte kämpfe für uns und für all das, was du für uns bereithältst. Ich will mit dir kämpfen. Amen.*

Ihr Lieben, wir wollen einander lieben.
1. Johannes 4,7

Übung

Fallen Ihnen Szenen aus Ihren Lieblingsfilmen oder -büchern ein, die Ihr Herz bis heute fesseln? Welche Szenen sind das? Warum?
Es ist gut, wenn wir uns solche Dinge bewusst machen. Bringen Sie diese Frage vor Gott und fragen Sie ihn, was Sie an diesen Geschichten so anzieht. Welche Lieder, Geschichten, Augenblicke berühren die tiefsten Sehnsüchte Ihres Herzens? Kennt Ihr Ehepartner Ihre Lieblingsszenen? Kennen Sie die Lieblingsszenen Ihres Ehepartners? Wie wäre es, wenn Sie darüber sprechen! Was erzählen Ihnen diese Geschichten, Lieder und Szenen über Ihre Herzenssehnsüchte?

Die zweite Woche

Und die zwei werden eins werden mit Leib und Seele

1. Tag
Die hohe Berufung der Ehe

Die Liebe hört niemals auf.
1.Korinther 13,8 (Luther)

Uns wird *geboten*, einander zu lieben. Wir werden *ermahnt und angefleht*, einander zu lieben. Ohne großes Überlegen und immer und immer wieder hören wir diese Botschaft. Warum, um Himmels willen?

Weil so viel auf dem Spiel steht.

Mit der Ehe wird uns das Herz eines anderen Menschen anvertraut. Egal welche große Berufung Ihr Leben noch beinhaltet – Ihre größte Mission bleibt es, den Menschen an Ihrer Seite zu lieben und zu beschützen.

Die Ehe beinhaltet das Privileg und die Ehre, dem Herzen eines anderen Menschen so nahe zu sein, wie man es überhaupt nur sein kann. Niemand sonst bekommt die Gelegenheit, so vertraut zusammenzuleben wie Mann und Frau in der Ehe. Wir sind eingeladen, am verborgenen Leben, am wahren Ich des anderen teilzuhaben. Wir lernen die kleinsten Nuancen des anderen kennen: was er besonders mag, was er lustig findet und was ihn auf die Palme bringt. Uns sind die Hoffnungen und Träume, die Verletzungen und Ängste des anderen anvertraut.

Sowohl dem Menschen, mit dem wir unser Leben verbringen wollen, als auch uns selbst wird ein großes Privileg zuteil. Die

Ehe tut nicht nur gut (im Schnitt lebt ein verheirateter Mann sieben Jahre länger als ein unverheirateter, eine verheiratete Frau drei Jahre länger als eine unverheiratete); verheiratete Menschen sagen in der Regel auch häufiger von sich, sie seien glücklich, als unverheiratete. Verheiratete sind meist gesünder und finanziell besser gestellt. Und es ist sehr ernüchternd zu sehen, welchen Einfluss eine dauerhafte Ehe auf Kinder hat: Scheidungskinder kommen im Leben nicht annähernd so gut zurecht wie Kinder, die in einer intakten Familie aufgewachsen sind.

Ohne Sie wird Ihr Ehepartner niemals zu der Person werden, als die Gott ihn oder sie gedacht hat, und das Reich Gottes wird nicht in der Weise voranschreiten, wie Gott es will.

Ihr Ehepartner spielt in Ihrem Leben die wichtigste Rolle. Sie spielen im Leben Ihres Ehepartners die entscheidende Rolle. Niemand übt einen größeren Einfluss auf die Seele Ihres Ehepartners aus als Sie. Niemand hat einen offeneren Zugang zum Herzen Ihres Ehepartners als Sie. *Das ist eine ungeheure Ehre.*

Die Ehe ist der Zufluchtsort des Herzens.

Lieber Herr, danke für meinen Ehepartner. Danke, dass du mir sein Herz anvertraut hast! Herr, zeig mir deine Vision für diesen Menschen an meiner Seite und hilf mir, ihn so zu lieben, dass er die Möglichkeit hat, zu der Person zu werden, die du in ihn hineingelegt hast. Lass unsere Ehe ein sicherer Hafen sein, ein Zufluchtsort inmitten dieser Welt. Verstärke in uns das Verlangen, einander einen Ort der Ruhe zu schenken. Lass uns einander mehr und mehr als einen solchen Zufluchtsort erleben. Amen.

Darum achtet genau auf eure Lebensweise! Lebt nicht wie Unwissende, sondern wie Menschen, die wissen, worauf es ankommt. Nutzt die Zeit ... Ordnet euch einander unter, wie es die Ehrfurcht vor Christus verlangt.

Epheser 5,15-16.21

2. Tag
Der Preis der Ehe

Gott selbst ist für uns, wer will sich dann gegen uns stellen? Er hat seinen eigenen Sohn nicht verschont, sondern hat ihn für uns alle in den Tod gegeben. Wenn er uns aber den Sohn geschenkt hat, wird er uns dann noch irgendetwas vorenthalten?
RÖMER 8,31-32

Verheiratet zu sein kostet Sie alles. Tränen. Schlaflose Nächte. Unglaubliche Verletzungen und Opfer. Die Ehe wird Sie dazu veranlassen, Ihr Herz und Ihre Seele, Ihre Sehnsüchte und Ihren Charakter genauestens unter die Lupe zu nehmen. Das tut weh. Das ist nicht leicht. Aber das wissen Sie ja bereits!

Natürlich kostet es uns alles, wenn wir lieben – denken Sie nur an das Kreuz. Doch die Liebe ist es *immer* wert. Wir alle wissen, dass es schwer ist zu lieben. Die Ehe ist hart. Sie ist hart, *weil sie angefeindet wird.* Der Teufel hasst die Ehe. Er hasst das wunderschöne Bild von Jesus und seiner Braut, für das die Ehe steht. Er hasst die Liebe und das Leben und alles Schöne. Die Welt hasst die Ehe. Sie hasst Einheit und Treue und Ausschließlichkeit. Und auch unsere menschliche Natur ist in dieser Sache nicht unser Verbündeter – sie rebelliert dagegen, dass wir etwas anderes höher stellen sollen als uns selbst. Unsere menschliche Natur stirbt nur ungern.

Aber Gott liebt die Ehe! Die Heilige Dreieinigkeit ist *für* die

Ehe. Gott liebt Vertrautheit, Freundschaft, Einheit, Selbstaufgabe, Lachen, Vergnügen, Freude und das Bild der heiligen Liebesbeziehung, die Sie vor der Welt repräsentieren. Gott steht Ihnen zur Seite. Er ist für Sie. Er hat uns sogar *geboten* zu lieben, und er sichert uns zu, dass durch ihn und in ihm alle Dinge möglich sind. Nicht einfach, aber möglich!

Die Ehe wird Ihnen alles abverlangen, und darum benötigen Sie eine Vision für Ihre Ehe.

Himmlischer Vater, ich danke dir, dass du dich für mich und meine Ehe einsetzt! Stärke unsere Ehe und schenk uns eine Vision dafür, warum du gerade uns beide zusammengeführt hast: Oh, ja - um ein Bild für Christus und seine Braut, die Kirche, zu sein und um zu zeigen, wie groß deine Liebe innerhalb der Dreieinigkeit ist. Gibt es noch weitere Gründe, Herr? Was sollen wir beide hier und jetzt für dich tun? Oder füreinander? Oder für unsere Familien, Freunde, Nachbarn und für unsere Welt? Ich vertraue darauf, dass du es uns zeigen wirst. In Jesu Namen. Amen.

Denn die Liebe, die Christus uns erwiesen hat,
bestimmt mein ganzes Handeln.
2. Korinther 5,14

3. Tag
Unsere Gegensätzlichkeit ist gewollt

Habt Geduld und sucht in Liebe miteinander auszukommen.
Epheser 4,2

Wir sind nach dem Bild Gottes geschaffen. Wir wurden als Ebenbild der Liebe geschaffen. Wir wurden geschaffen, um zu lieben und geliebt zu werden. Und es gibt kein besseres Umfeld und keine idealere Gelegenheit als die Ehe, um einen anderen Menschen ein Leben lang zu lieben und von ihm geliebt zu werden. Natürlich ist das auch gefährlich – Sie beide sind schließlich immer zusammen. Es ist auch der Ort, an dem man am meisten Schaden anrichten kann. Gott setzt die Ehe dazu ein, um uns die tiefste Freude des Lebens zu ermöglichen. Satan versucht, die Ehe dazu zu benutzen, um Zerstörung anzurichten.

Wir sind unterschiedlich. Gott liebt unsere Einzigartigkeit. Der Feind jedoch wird versuchen, unsere Unterschiedlichkeit zu missbrauchen, um einen Keil zwischen uns zu treiben.

Von Verheirateten wird gesagt, wenn sich beide zu ähnlich sind, ist einer überflüssig. Natürlich sind wir unterschiedlich. Wir wurden einander gegeben, um uns zu ergänzen – dort stark zu sein, wo der andere schwach ist; das zu erkennen, was der andere nicht sehen kann. Selbst unsere Charakterfehler sind ein Geschenk! Eine Eisenklinge wird geschliffen, wenn sie sich an einer anderen Klinge reibt. Das mag sich nicht gerade angenehm anfühlen, doch wenn uns die Unterschiedlichkeiten oder die schlechten Gewohnheiten unseres Ehepartners nerven, ist das für uns die beste Gelegenheit, den anderen mit der Unterstützung des Heiligen Geistes trotz unseres Ärgers zu lieben!

Wenn Sie ein neues Projekt in die Wege leiten, werden Sie dafür auch nicht gerade zwei Mitarbeiter mit identischen Fähigkeiten einstellen. Denn Sie wissen, dass ganz unterschiedliche Qualifikationen gefragt sind. Also würden Sie für die eine Aufgabe die eine Person einstellen, und eine ganz andere für andere Aufgaben. Ja, zwei sind besser als einer allein. Wir *brauchen* einander!

Gott möchte, dass wir uns an der Andersartigkeit des anderen freuen. Ja, manchmal wird uns das zur Weißglut treiben, aber noch viel häufiger werden wir über unsere Unterschiedlichkeiten lachen können, wenn wir uns innerlich vor dem Gott verneigen, der auch diesen so ganz anderen Menschen geschaffen hat.

Danke, dass du mir gerade diesen Ehepartner gegeben hast, Herr. Lass mich unsere Unterschiedlichkeit nicht als etwas Schlechtes ansehen, sondern als etwas Gutes, Nützliches anerkennen. Bitte gib mir Augen der Liebe für meinen Ehepartner. Amen.

Vor allem lasst nicht nach in der Liebe zueinander!
Denn die Liebe macht viele Sünden wieder gut.
1. Petrus 4,8

4. Tag
Er kommt, um zu retten

Denn der Sohn des Menschen ist gekommen,
zu suchen und zu retten, was verloren ist.
LUKAS 19,10 (ELBERFELDER 2006)

Er kommt, um zu heilen. Er kommt, um zu retten.

So beschreibt Jesus seine Mission. So sieht er sie. Beachten Sie seine Wortwahl. Er sagt, er sei „gekommen, zu suchen und zu retten, was verloren ist". Alles, was verloren ging. (Und es ist doch so vieles verloren gegangen!) Auch all die Schönheit und Kraft der Ehe. Die Ehe war schließlich *seine* Idee. Gott hat die Ehe geschaffen und uns sein Verlangen danach ins Herz gelegt. Egal, wie Sie beide meinen, zusammengefunden zu haben. Egal, welche Kräfte Ihrer Ansicht nach noch beteiligt waren – die hoffnungsvolle Wahrheit ist, dass Gott ein weites Herz für die Ehe hat; auch für *Ihre* Ehe.

Wenn der Gott Israels durch den Propheten Maleachi kundtut, er hasse es, wenn Eheleute sich trennen (vgl. Maleachi 2,16), dann hören wir diese Worte mit einem Schaudern. Doch eigentlich sollte uns eine Welle der Hoffnung überfluten! Die Leidenschaft, die sich in diesen Worten offenbart, zeigt, wie sehr Gott die Ehe *liebt* und wie groß sein Interesse daran ist, dass Ehen gelingen.

Darum stehen uns sämtliche Ressourcen des uns zugewandten Herzens Gottes und alle Ressourcen seines Reiches zur Verfügung. Mit ihnen stellt er wieder her, was in unserem Herzen, in unserem Leben und in unserer Ehe verloren ging.

Wir persönlich haben keine Ahnung, wie Ehepaare es ohne Gottes Hilfe schaffen. Würde man von uns verlangen, wir sollten unsere Ehe ohne Gott zum Blühen bringen, so wäre das, als verlange man von einem Baum, ohne Sonne und Wasser zu gedeihen. Manche Arten von Bäumen würden vielleicht irgendwie überleben, aber ihr Anblick würde niemandem gefallen. Die Hoffnung, die wir Ihnen anbieten können, beruht darauf, dass die gute Nachricht des christlichen Glaubens Wiederherstellung und Leben mit sich bringt.

Die meisten von Ihnen haben von dem berühmten Kreuz gehört, von der Zusage der Vergebung. (Der Herr weiß, dass wir für unseren Weg eimerweise Vergebung brauchen.) Am Kreuz setzt sich Gott der völligen Verlassenheit aus, damit wir niemals verlassen sind. Er kennt Trauer, Schmerz, Ablehnung, Unverständnis und Einsamkeit. Doch was auf das Kreuz folgt, ist aus irgendeinem Grund weniger berühmt und bekannt: die *Auferstehung*, der Triumph des Lebens. Das ist für den christlichen Glauben ebenso zentral wie das Kreuz, vielleicht sogar noch zentraler. Denn darin offenbart sich das *Leben*, das er uns anbietet. George MacDonald erklärt: „... die gesamte Geschichte ist ein göttliches Leiden, um den Geschöpfen göttliches Leben zu geben. Die Folge dieses Leidens ... wird blühendes Leben sein, und seine Blüte ist unaussprechliche Freude."

Dieses Leben in eine Ehe hineinströmen zu lassen ist wie Sonne und Wasser für den ausgedörrten Baum. Es ist, als würde man sämtliche Türen und Fenster eines seit Jahren verrammelten Hauses öffnen. Licht und Frischluft strömen hinein. Oder wie ein Regenschauer in der ausgetrockneten Wüste. Das Leben explodiert förmlich – das Aufblühen unaussprechlicher Freude. Gottes Leben bringt die Auferstehung hervor, die Rückkehr wahrer Liebe, echter Freundschaft, Romantik, Freude, Geduld und eine gemeinsame Berufung.

Lieber Gott, danke, dass du gekommen bist, um mich und meine Ehe zu suchen und zu retten. Ich öffne unsere Ehe für deine Wiederbelebung. Ich wünsche mir für uns die Liebe, Freundschaft, Romantik, Freude und all die anderen guten Gaben, die du für uns bereithältst. Komm und schenke uns dein Leben! Lass deine Auferstehungskraft überall dort wirken, wo etwas abgestorben und verloren ist. Lass unsere Ehe zu einem wundervollen Meisterwerk deiner Schöpferkraft werden. Ich weiß, du sehnst dich danach, das zu tun, und darum danke ich dir, dass du es tust und auch in Zukunft tun wirst. In Jesu Namen. Amen.

So werden wir … durch sein Leben gerettet werden.
Römer 5,10 (Elberfelder 2006)

5. Tag
Was denkt sich Gott dabei?

Ich bin gekommen, um ihnen das Leben zu geben, Leben im Überfluss.
JOHANNES 10,10

Erfahrene Expeditionsteilnehmer geben Anfängern den einhelligen Rat: „Such dir deinen Zeltgenossen sorgfältig aus!"

Denn mit ihm muss man Wochen und Monate auf engstem Raum verbringen. Bei schlechtem Wetter werden Sie mit diesem Menschen die erzwungene Zweisamkeit eines kleinen Kokons aus Zeltstoff teilen müssen. Nach wenigen Tagen schon wird jede Kleinigkeit an ihm Sie zum Wahnsinn treiben – wie er isst, wie er atmet, wie er vor sich hinsummt, wie er an seinen Fingernägeln kaut. Um zu verhindern, dass das Ganze in einem großen Donnerwetter endet, müssen Sie sich mit einem Partner zusammentun, der sich möglichst gut mit Ihnen verträgt.

Gott macht genau das Gegenteil. Er steckt uns mit jemandem zusammen, der völlig anders ist als wir selbst. Unsere jeweilige Zerbrochenheit spielt der des anderen so perfekt in die Hände, dass es schon fast grotesk anmutet. Als würde man einen Hund und eine Katze zusammen in einen Wäschetrockner sperren. Ist Gott denn völlig verrückt? Warum tut er so etwas?

Weil die Ehe eine göttliche Verschwörung ist.

Es ist eine Verschwörung, die von Gott höchstpersönlich angezettelt wurde und hinter der eine göttliche Absicht steckt.

Gott lockt uns mit fadenscheinigen Vorwänden wie Liebe oder Sex oder Einsamkeit oder einfach dadurch in die Ehe, dass uns endlich jemand wahrgenommen hat. Es gibt so viele Gründe, warum Menschen heiraten. Sie spielen eigentlich gar keine Rolle, denn Gott tut alles, was nötig ist. Er lockt uns in die Ehe, und dann benutzt er diese Ehe, *um uns zu verändern.*

Kommen wir zurück zu den Märchen. In jeder dieser Erzählungen haben der Junge oder das Mädchen eine fatale Schwachstelle. Wenn sie nicht zulassen, dass sie verwandelt werden – ein wichtiges Element der Geschichte –, können sie es niemals schaffen. Das Böse wird siegen, sie werden ihr Herz verlieren und sich trennen, und niemand wird glücklich bis an das Ende seiner Tage. Shasta – der zum Selbstmitleid neigt – muss sich ständig rechtfertigen. Aravis – die eine sehr hohe Meinung von sich selbst hat – verhält sich herablassend. Sie sind ständig im Clinch miteinander, und die Geschichte von Narnia kann erst voranschreiten, als Shasta aufhört, sich zu beklagen, und Aravis sich zurücknimmt. In *Die Schöne und das Biest* verhält sich die Schöne wie eine Primadonna und das Biest hat Probleme damit, seine überschäumende Wut zu zügeln. Sie muss zu ihrem Mut finden und er zu seiner Zärtlichkeit. In jeder dieser Geschichten hängt das Happy End an einer ganz bestimmten Wendung der Ereignisse, und in deren Zentrum steht die Verwandlung der Hauptfiguren.

Das alles geht zurück auf Adam und Eva. Sie haben die Sünde gewählt, und nun ist ihre Sünde unsere Sünde. Seit damals sind alle Menschen von dieser Sünde infiziert.

Lieber Herr, ich vertraue dir. Ich glaube dir. Meine eigenen Pläne und Ideen für unsere Ehe wurden ziemlich durcheinandergewirbelt. Zeige mir, in welcher Weise du hinter diesem „Wirbelsturm" stehst und was du auch in Zukunft mit solchen Zumutungen vorhast. Ich möchte mit dir zusammenarbeiten und deine Ziele für mich und meine Ehe mittragen. Du willst uns Heilung und Leben und Freude schenken. Mach uns zu den Menschen, als die du uns gedacht hast. Amen.

Derselbe, der mich schuf im Mutterleib,
hat doch auch die geschaffen, die mir dienen!
Hiob 31,15

Übung

In welchen Bereichen, Eigenschaften und Vorlieben unterscheiden Sie und Ihr Ehepartner sich? Stellen Sie eine Liste Ihrer Unterschiede zusammen. Je länger diese Liste wird, umso besser! Nehmen Sie sich heute etwas Zeit, um darüber nachzudenken, wie Gott jeden dieser Unterschiede benutzen könnte, um seine guten Ziele für Ihr Leben und Ihre Ehe zu verfolgen.

Die dritte Woche

Eine lebenslange Reise

1. Tag
Ein wahrer Scherbenhaufen

Gott, schaffe mich neu: Gib mir ein Herz, das dir völlig gehört, und einen Geist, der beständig zu dir hält.
Psalm 51,12

Jeder von uns ist seinem „Stil", seiner Herangehensweise an das Leben, zutiefst verpflichtet. Wir haben keinerlei Intention, ihn aufzugeben. Nicht einmal für die Liebe. Darum schafft Gott ein Umfeld, indem wir ihn aufgeben *müssen.* Man nennt dieses Umfeld *Ehe.* Nehmen Sie die fundamentalen Unterschiede zwischen Mann und Frau. Fügen Sie die Tatsache hinzu, dass Gegensätze sich anziehen und unsere jeweiligen Eigenheiten sich fast immer in dem einen oder anderen Bereich beißen. Dazu noch unsere tiefe Zerbrochenheit, unsere Sünde und unseren eigenartigen Beziehungsstil. Und heraus kommt ein ausgewachsenes Chaos.

Hören Sie jetzt bitte genau zu: *Gott möchte, dass wir glücklich sind.* Das tut er wirklich! Doch er weiß auch, dass wir nicht glücklich sein können, wenn wir nicht an unserer Zerbrochenheit, unserer Sünde und unserem Beziehungsstil arbeiten. Auch in unserem Umfeld wird ohne eine Veränderung keiner glücklich werden. Die meisten Dinge, die Ihnen in Ihrer Ehe widerfahren sind, gehören zu Gottes Versuch, Sie dazu zu bringen, dass Sie sich Ihre Verbogenheiten eingestehen und umkehren.

Hierin zeigt sich das alte christliche Verständnis der Welt: Glück ist die Frucht anderer Dinge, vor allem aber unserer Heiligung, und darum *müssen* wir uns einer Verwandlung unterziehen. Wie in den Märchen müssen wir an Gottes Heiligung Anteil haben, bevor die Geschichte zum Ende kommen kann.

Diese Ansicht ist ein Schlag ins Gesicht einer beliebten Lebensauffassung jüngerer Prägung – der „Glücksperspektive". Sie bestimmt die Erwartungen, die die meisten Menschen an die Ehe (und an alles andere) stellen: „Wir sind auf der Welt, um glücklich zu sein, und darum sollen die anderen uns gefälligst glücklich machen." Da kann die Erkenntnis, dass Gott vielleicht etwas anderes im Sinn haben könnte, schon eine ziemliche Störung unserer glückseligen Erwartungshaltung sein!

Wir haben den ersten Schock der Ehe als den Moment beschrieben, in dem uns klar wird, wie hart die Ehe ist, und den zweiten Schock als den Moment, in dem wir erkennen, was für ein Scherbenhaufen wir selbst sind. Doch das sollte uns eigentlich Hoffnung machen, denn diese Entdeckungen führen uns zum größten Geheimnis des Lebens: *Wir sollen lernen, wie man liebt.*

Schließlich ist das Ganze eine einzige große Liebesgeschichte. Und wie sieht das aus, wenn man lieben lernt? Nun, zum einen geht es darum, dass Sie der Zerbrochenheit Ihres Ehepartners Mitgefühl entgegenbringen, während Sie gleichzeitig beschließen, sich von Ihrem eigenen, als Selbstschutz gedachten verbogenen Beziehungsstil abzuwenden.

Lieber Gott, hab Dank für deine Gnade. Meine Zerbrochenheit ist mir bewusst ... zumindest teilweise. Es tut gut zu hören, dass in jedem von uns etwas Kaputtes ist. Und du bist gekommen, um uns zu heilen. Deine Wege sind oft nicht meine Wege. Manchmal glaube ich, das Ziel bestehe darin, glücklich zu sein. Doch du weißt, dass ich ohne Heiligung und ohne Heilung nie wirklich glücklich sein werde. Darum lade ich dich ein, mich zu heilen. Ich bitte dich, meinen geliebten Ehepartner zu heilen. Danke, dass du das tust! Amen.

Die Liebe ist sein Zeichen über mir.
Hohelied 2,4 (Luther)

2. Tag
Jeder Mensch hat seine Geschichte

Seid barmherzig, wie auch euer Vater barmherzig ist.
Lukas 6,36 (Luther)

Im geschützten Umfeld unserer Kleingruppe haben in den vergangenen Jahren sechs von uns „ihre Geschichte" erzählt. Wir nahmen uns für jede Lebensgeschichte jeweils einen Abend Zeit. Angefangen bei der Kindheit berichteten wir einander von den prägenden Momenten unseres Lebens – den schmerzhaften ebenso wie den glücklichen. Wir legten die Seiten unseres Lebensbuches offen. Und obwohl jedes der Ehepaare in unserem Kreis bereits mehr als zwei Jahrzehnte miteinander verheiratet war, hörten alle Ehemänner und Ehefrauen ganz neue Geschichten, die sie zutiefst bewegten. Es gab unzählige „Aha"-Momente. Viele Tränen. Viel Gnade.

Es war ein guter Anfang, um einander tiefer zu verstehen. Fehlende Puzzleteile der Persönlichkeit des anderen kamen an ihren Platz. „Ach, deshalb telefonierst du so ungern!" Oder: „Also liegt es daran, dass du oft das Gefühl hast, dich vor mir rechtfertigen zu müssen? Jetzt verstehe ich das." Den eigenen Ehepartner besser zu verstehen, weil man Einblick in seine Lebensgeschichte und Beweggründe bekommt, ist unbezahlbar. Sie können sich viel leichter und liebevoller neben Ihren Partner stellen und ihm oder ihr dabei helfen, Schwierigkeiten zu überwinden, wenn Sie wissen, wo der andere herkommt. Wenn wir anfangen, die Zerbrochenheit des anderen zu verstehen, werden wir sehr viel mehr Erbarmen mit Handlungsweisen haben, die uns zuvor einfach nur auf die Palme gebracht haben.

Egal wie gut Sie mit der Lebensgeschichte Ihres Ehepartners vertraut sind, wir möchten Ihnen Mut machen, sich ein paar Stunden Zeit zu nehmen, um einander „Ihre Geschichte" zu erzählen. Machen Sie doch ein paar Tage hintereinander einen Spaziergang. Oder unterhalten Sie sich im Schlafzimmer darüber, nachdem Sie die Kinder ins Bett gebracht haben. Planen Sie einige Stunden ein. Und schalten Sie das Telefon stumm. Eine Packung Tempos werden Sie auch brauchen! Bitten Sie Gott, diese Zeit auszufüllen und Sie an alles Wichtige zu erinnern. Bitten Sie ihn auch, dass er Ihnen hilft, wirklich zuzuhören ... auch auf das, was zwischen den Zeilen steht.

Himmlischer Vater, danke für das Privileg, dass ich diesen Menschen an meiner Seite lieben darf. Lass mich die Lebensgeschichte meines Ehepartners immer tiefer verstehen, damit ich geduldiger, barmherziger und verständnisvoller werde. Vertiefe und stärke unsere Liebe zueinander. In Jesu Namen. Amen.

Jeder soll stets bereit sein zu hören, aber sich Zeit lassen, bevor er redet.
JAKOBUS 1,19

3. Tag
Sagen Sie nicht mehr: „Ändere dich!" sondern: „Ich verändere mich."

Warum kümmerst du dich um den Splitter im Auge deines Bruders oder deiner Schwester und bemerkst nicht den Balken in deinem eigenen? Wie kannst du zu deinem Bruder oder deiner Schwester sagen: „Komm her, ich will dir den Splitter aus dem Auge ziehen", wenn du selbst einen ganzen Balken im Auge hast? Scheinheilig bist du! Zieh doch erst den Balken aus deinem eigenen Auge, dann kannst du dich um den Splitter in einem anderen Auge kümmern!
MATTHÄUS 7,3-5

Es gibt zwei Arten von Menschen auf dieser Welt – die, die keine Ahnung haben, und die, die umkehren. Menschen, die offen dafür sind, sich ihr Leben wirklich ehrlich anzuschauen, und Menschen, die es nicht sind. Leute, die wissen, dass sie Gott brauchen, damit er sie verändert, und Leute, die von allen anderen erwarten, dass *sie* sich ändern. Für die erste Gruppe haben wir sehr viel Hoffnung. Der zweite Haufen entschließt sich zur Ignoranz, und der Schaden, den sie anrichten, ist beinahe unverzeihlich.

Darum funktionieren Ansätze nicht, die Eheproblemen mithilfe einiger einfacher Grundsätze zu Leibe rücken wollen. Solange wir vor unserer Gefallenheit als Mann und als Frau und vor unserem – von unserer Sünde und Zerbrochenheit geprägten – Beziehungsstil die Augen verschließen, werden wir unserer Ehe immer weiteren Schaden zufügen. Wir werden die Hoffnungslosigkeit unseres Ehepartners nur vergrößern. Sie wollen Ihrer Ehe doch sicher nicht noch Zynismus und Resignation hinzufügen, oder? Nein, Sie wollen, dass Ihr Ehepartner die Erfahrung macht: *Er (oder sie) verändert sich tatsächlich! Er denkt darüber nach, wie sein Verhalten auf mich wirkt!* Das weckt so viel Hoffnung, so viel Mut. Da beginnt sich etwas in unserem Herzen zu regen. *Wow, das könnte richtig gut werden! Ich glaube, wir könnten es wirklich zu etwas bringen!*

Es beginnt damit, dass Sie beide diesen Schritt gehen – von: „Ändere dich!" zu: „Ich ändere mich".

Das wird erst dann geschehen, wenn wir nicht nur erkennen, sondern auch bejahen, dass es um *unsere* Verwandlung geht. All das Glück, nach dem wir uns sehnen, hängt an unserer Bereitschaft, uns verändern zu lassen und zu lernen, andere zu lieben.

Lieber Gott, ich gebe dir die ausdrückliche Erlaubnis, mir vor Augen zu führen, wo mein Beziehungsstil egoistisch oder lieblos ist oder meinem Selbstschutz dient. Ich will mich verändern. Ich lade dich dazu ein, mich zu verändern. Ich beschließe, mich von allem abzuwenden, was mich davon abhält, wahrhaft zu lieben. Verändere mein Denken, damit ich nicht mehr versuche, meinen Ehepartner zu verändern, sondern zulasse, dass du ***mich*** *veränderst. Zu deiner Ehre. Amen.*

„Dies ist mein Gebot", so sagt Jesus: „Ihr sollt einander so lieben, wie ich euch geliebt habe."
JOHANNES 15,12

4. Tag
Zwei, die einander helfen

Zwei sind allemal besser dran als einer allein. Wenn zwei zusammenarbeiten, bringen sie es eher zu etwas. Wenn zwei unterwegs sind und hinfallen, dann helfen sie einander wieder auf die Beine.
PREDIGER 4,9-10

„Wenn zwei beieinander schlafen, können sie sich gegenseitig wärmen" (Prediger 4,11). Das ist ein gutes Bild für Männer, die nachts im Feld Rücken an Rücken schlafen, um sich warm zu halten. Gott hat uns andere Menschen gegeben, weil wir jemanden brauchen, der uns den Rücken wärmt. Wir brauchen jemanden, der uns stützt, wenn wir straucheln. Wie anders wäre unsere Weltsicht, wenn wir uns als Paar abends ins Bett legen und dabei an zwei Kameraden denken würden, die gemeinsam für ein glorreiches Ziel einstehen? Genau das ist nämlich die Realität, ob wir sie erkennen oder nicht. Wir brauchen einander! Und richtig – wir haben auch noch andere Bedürfnisse.

Jede Frau hat ein unersättliches Bedürfnis nach Beziehung, das niemals gestillt werden kann. Es ist ein Schmerz in ihrer Seele, der eigentlich dazu gedacht ist, sie in Gottes Arme zu treiben. Männer wissen instinktiv, dass da diese bodenlose Zisterne ist, und sie schrecken davor zurück. *Ich will nicht von diesem Abgrund verschlungen werden. Egal, wie viel ich ihr biete, es wird niemals genug sein.* Das ist Evas Schmerz. Das ist der Riss in ihrem Gefäß. Sie sehnt sich nach einer vertrauten Beziehung, in der sie wahrgenommen, geliebt und *erwählt* wird. Und das erklärt auch ihre tiefste Angst – die Angst, verlassen zu werden.

Männer haben mit einer anderen Leere zu kämpfen. Wir sind ständig frustriert darüber, dass wir das Leben so unzureichend meistern. Das ist diese Sache mit dem „Schweiß" und den „Dornen und Disteln": „Deinetwegen ist der Acker verflucht. Mit Mühsal wirst du dich davon ernähren, dein Leben lang. Dornen und Disteln werden dort wachsen ..." (1. Mose 3,17-18).

Männer sehnen sich nach Anerkennung, nach Bestätigung. Sie wollen wissen, dass sie etwas erreicht haben. Das erklärt auch die größte Furcht des Mannes – die Angst vor dem Versagen.

Mann und Frau haben die einzigartige Gelegenheit, dem anderen ihre Annahme und Liebe zuzusprechen. Wir können unserem Ehepartner helfen, indem wir ihn lieben und ihm mit Geduld, Stärke, Barmherzigkeit und Verständnis begegnen. Wir können ihm die Sicherheit geben, dass er bei uns zeigen und sagen darf, was er auf dem Herzen hat. Ein Mann kann auf das Bedürfnis seiner Frau antworten – mit Worten und Taten, die von Treue und Liebe geprägt sind. Eine Frau kann ihren Mann ermutigen, indem sie ihm zeigt und sagt, dass sie ihn liebt und achtet. Letztlich weisen wir unseren Ehepartner so auf die Liebe Gottes hin.

Lieber Vater, hier und heute entscheide ich mich aufs Neue für meinen Ehepartner. Ich beschließe ihn/sie zu lieben und zu achten und auf seine/ihre Bedürfnisse einzugehen. Bitte

begleite mich darin, Heiliger Geist. Zeig mir, wie ich ihn/sie lieben kann, was ich sagen und wann ich schweigen soll. Ich will die Person in seinem Leben sein, die ihm/ihr (direkt nach dir!) am meisten hilft, zu dem Menschen zu werden, zu dem du ihn/sie gedacht hast, und zu erkennen, wie wunderbar er/sie ist. Amen.

Der Herr ist mein Helfer, ich will mich nicht fürchten.
Hebräer 13,6 (Luther)

5. Tag
Sie sind nicht allein

Der Einzige, der den schmerzenden Abgrund im menschlichen Herzen überbrücken kann, ist Jesus Christus.
OSWALD CHAMBERS

Wir fühlen uns dafür verantwortlich, wenn unser Ehepartner unglücklich ist: *Ich tue nicht genug für ihn/sie. Ich bin nicht gut genug. Wenn ich ein besserer Ehemann/eine bessere Ehefrau wäre, wäre sie/er glücklich. Es muss an mir liegen.* Wenn das eine Weile so läuft, wird aus Schuldgefühlen Abwehr: *Kannst du denn mit nichts zufrieden sein? Nie ist es genug! Dein Befinden ist ein mieses Zeugnis für meine Leistung. Wenn du nicht glücklich bist, mach ich etwas falsch oder tue nicht genug für dich.*

Die gute Nachricht lautet: Natürlich genügen Sie nicht! Sie werden niemals genügen. Eigentlich sollte diese Nachricht eine ungeheure Erleichterung sein: *Oh, ich dachte, das geht nur uns so. Ich dachte, wir hätten beim Seminar über die glückliche Ehe einmal gefehlt, und nun verpatzen wir alles.* Nein, es geht nicht nur Ihnen so. Es geht allen so. Und wenn Sie das wissen, können Sie aufhören, sich von Ihrem Ehepartner ein Zeugnis ausstellen zu lassen. Wie es Ihrem Ehepartner geht, sagt nichts über Sie aus.

Lassen Sie das einen Augenblick sinken: Wie es Ihrem Ehepartner geht, ist kein Urteil über Ihre Person.

Dass Ihr Ehepartner unglücklich ist (und Sie auch),

bedeutet, dass in Ihnen beiden ein Verlangen steckt, das nur Gott allein stillen kann. Sich das klarzumachen wird Sie entlasten, weil Sie Ihren Ehepartner gar nicht glücklich machen *können.* Manchmal können Sie es – ja, durchaus! Aber eben nicht immer, nicht in der Tiefe, nicht dauerhaft.

Sie brauchen jemanden, an den Sie sich wenden können, wenn Sie Trost suchen oder Verständnis oder Heilung Ihrer Zerbrochenheit oder bedingungslose Liebe. Um Leben geben zu können, müssen Sie Leben *haben.* Und das bekommen Sie nur von Gott. Wenn Sie ohne Gott an Ihrer Seite einen Weg durch das Dickicht Ihrer Ehe suchen, ist das, als würden Sie versuchen, nett und freundlich zu sein, obwohl Sie seit Tagen nicht geschlafen haben. Jeder von uns braucht eine wachsende Beziehung zu Jesus Christus. Wir können unserem Ehepartner unsere Liebe zeigen, indem wir ihn ermutigen, Zeit mit Gott zu verbringen. Suchen Sie die Gegenwart Gottes. Er allein ist die Quelle, aus der wirkliches Leben und echtes Glück sprudeln.

Herr Jesus, ich möchte mit David sprechen: „In Gott allein kommt meine Seele zur Ruhe." Ich will, dass mein Ehepartner glücklich ist. Und ich selbst möchte auch glücklich sein. Danke, dass du das weißt und für uns sorgst. Du bist der Weg. Du bist die Wahrheit. Du bist das Leben. Komm und fülle uns heute mit deiner Liebe und deinem Leben. Sei auch heute mein Tröster, Jesus. Ich brauche dich so sehr. Begegne auch meinem Ehepartner so mächtig und vertraut, wie nur du es kannst, Herr. Amen.

Niemals werde ich dir meine Hilfe entziehen,
nie dich im Stich lassen.
HEBRÄER 13,5

Übung

Hat Ihr Ehepartner Ihnen schon einmal seine Liebe ausgedrückt, aber Ihnen fiel es schwer, diesen Worten zu glauben? Fällt es Ihnen manchmal schwer, Zuneigung anzunehmen? Nehmen Sie sich etwas Zeit, um darüber nachzudenken, warum das so sein könnte.
Liegt es daran, dass zwischen den Worten und den Taten Ihres Ehepartners eine Lücke klafft? (Vielleicht kommt das, was er tut, so laut daher, dass Sie kaum noch hören können, was er sagt?)
Sprechen Sie mit Gott darüber. Führen Sie eine Weile Tagebuch. Und wenn Sie den Eindruck haben, dass der richtige Moment gekommen ist, sollten Sie es in einem freundlichen Tonfall ansprechen.
Oder liegt es daran, dass Sie selbst aufgrund Ihrer Lebensgeschichte zutiefst davon überzeugt sind, dass Sie es nicht wert sind, geliebt zu werden? Gott möchte Ihnen hier zu Hilfe kommen. Er hat es immer gesagt, und er sagt es auch heute: „Ich habe dich erwählt. Du gehörst zu mir. Ich habe dich mit unendlicher Liebe geliebt." Geben Sie Gott Zutritt zu dieser Lebenswunde.

Es ist schwer, andere zu lieben, wenn wir uns selbst nicht für wert halten, geliebt zu werden. Es schmerzt unseren Ehepartner, wenn seine Liebe und Zuneigung an uns abprallt wie ein Gummiball. Wagen Sie es – tun Sie es noch heute! Vertrauen Sie der Liebe!

Die vierte Woche

Freundschaft

1. Tag
Ein wunderbares Fundament

Dann kommen Güte und Treue zusammen,
Recht und Frieden küssen einander.
Psalm 85,11

Am frühen Morgen hatte ich hier gesessen und gedacht: *Was habe ich mit Stacy bisher am meisten genossen? Was war in meinen Augen ihr größtes Geschenk an mich? Wofür bin ich am dankbarsten?* Diese Fragen halfen mir auf die Spur. Sie brachten mich zum Kern, zur Substanz unserer Beziehung: eine innige Freundschaft.

Verstehen Sie mich jetzt bitte nicht falsch. Ich liebe es leidenschaftlich, romantisch und aufregend. Sex ist etwas Berauschendes. Doch Eros allein macht noch keine Ehe. Das Erfüllendste an der Ehe – das, was *im Alltag* so guttut, – ist die innige Freundschaft zwischen uns, die Kameradschaft, die Loyalität. Wer sonst ist am Ende des Tages bei uns – und das jeden Tag? Wer ist bei uns in den dunklen Stunden der Nacht? Wer sonst ist bei uns in guten wie in schlechten Tagen? Niemand teilt mehr Leben mit Ihnen als Ihr Ehepartner.

Als Verheiratete versprechen wir unserem Ehepartner im Grunde: *Ich werde dein Zeuge sein. Ich werde dein Freund und Kamerad sein. Durch Dick und Dünn, Gut und Böse, in Gesundheit und in Krankheit. Wir stehen das gemeinsam durch!* Ist das nicht der

Kern dessen, was Gott meinte, als er sprach: „Es ist nicht gut, dass der Mensch so allein ist“ (1. Mose 2,18)?

Ja, natürlich. Romantische Gefühle kommen und gehen wie ein Gewitter. Erotik blüht wie ein Nachtschattengewächs. Freundschaft dagegen ist viel beständiger – tagein, tagaus –, so wie die Gegenwart Gottes. *Siehe, ich bin bei dir alle Tage.* Das haben wir uns doch bei unserer Hochzeit versprochen, oder? „Ich bin hier, und ich bleibe bei dir.“

Das ist vielleicht weniger aufregend als sexuelle Leidenschaft, aber der Satz: „Wie war dein Tag heute?“, ist vielleicht das schönste Geschenk in einer Ehe.

Lieber Herr Jesus, danke für das Geschenk der Freundschaft in unserer Ehe. Lass dieses Geschenk immer mehr wachsen. Ich will meinem Ehepartner meine volle Aufmerksamkeit schenken und für ihn da sein. Hilf mir heute, dass ich mir die Zeit nehme, um meinen Partner ernsthaft zu fragen, wie es ihm geht. Gib, dass ich auf die Antwort warte. Ich wünsche mir die Freundschaft meines Ehepartners, Herr. Ich bitte darum, dass er sie mir gewährt. Doch meine erste Bitte heute ist, dass ich diese Freundschaft anbiete. Amen.

Sei gütig und treu, und werde nicht nachlässig,
sondern sporne dich immer wieder an!
SPRÜCHE 3,3

2. Tag
Machen Sie Ihre Beziehung wetterfest

Er war voll Liebe und Erbarmen zu uns und hat uns immer wieder gerettet.
Jesaja 63,9

Das Leben verlangt uns viel ab. Und es verlangt unserer Ehe viel ab. Ein voller Terminkalender, immense Herausforderungen, eine Vielzahl an Beziehungen, die Arbeit, die Kinder. Allein das Tempo, in dem wir leben, ist eine Belastung. Wenn wir nicht aufpassen, wachen wir eines Morgens neben unserem Ehepartner auf und haben keine Ahnung mehr, wer dieser Mensch ist oder warum in aller Welt wir das Bett mit ihm teilen! Trotz des Eheversprechens und all der Hoffnungen und Träume leben die meisten Ehepaare in getrennten Welten.

Einmal standen wir kurz vor einer Scheidung, als wir im zehnten Jahr unserer Ehe so weit voneinander entfernt waren, wie zwei Menschen es nur sein können. Wir blickten beide in diesen drohenden Abgrund, und was wir sahen, gefiel uns ganz und gar nicht. Und mit Gottes Gnade – hinter jeder guten Ehe steckt die Gnade Gottes! – trafen wir Entscheidungen, die uns einander wieder näherbrachten. Wir suchten nach Wegen zur Heilung. Und wir suchten nach Wegen, einander *auf spielerische Weise* wieder näherzukommen.

Es kann sich zunächst ein wenig unbeholfen anfühlen,

wenn Sie länger nicht mehr einfach nur zusammen waren. Ergreifen Sie trotzdem die Initiative und lassen Sie sich nicht entmutigen, wenn Ihre ersten Versuche nicht gleich auf große Gegenliebe stoßen. Eine meiner Freundinnen hat versucht, ihren Ehemann für die Vorteile von Schaumbädern zu erwärmen – und lag damit voll daneben. Gemeinsam DSDS anzuschauen ist vielleicht auch nicht ganz das Richtige. Ebenso unpassend mag ein Angelausflug sein. Aber Sie werden einen gemeinsamen Nenner finden. Ein Tenniskurs, ein Streifzug durch die keltische Ausgrabung im Nachbarort oder vielleicht mal Vietnamesisch essen gehen. Eine gemeinsame Lieblingsserie im Fernsehen finden oder Monopoly spielen oder Squaredance lernen. Vielleicht sollten Sie Ihren Ehepartner einfach fragen, was er oder sie gern machen würde.

Unsere Ehen brauchen Nahrung. Und die können wir ihnen geben, indem wir Zeit miteinander verbringen, miteinander spielen, lachen und reden. Das hilft uns, uns neu in Erinnerung zu rufen, was uns früher an dem anderen so angezogen hat. Außerdem beschert es uns zusätzliche gemeinsame Lebenserinnerungen und schweißt uns immer mehr zusammen.

Herr, es scheint nie genug Zeit zu sein, um all das zu erledigen, was getan werden muss. Manchmal fühle ich mich als echter Versager, der sein Leben nicht im Griff hat. Und jetzt soll ich auch noch Zeit für das „spielerische Miteinander" mit meinem Ehepartner finden? Ich weiß, wofür das gut ist. Es macht mir Freude, wenn wir miteinander lachen oder einfach nur Zeit füreinander haben – für einen Spaziergang, die Betrachtung eines

schönen Sonnenuntergangs … Trotzdem werde ich deine Hilfe brauchen, wenn diese gemeinsamen Zeiten in meinem Leben Platz finden und Priorität vor anderen Dingen haben sollen. Hilf uns, dass wir das gemeinsam schaffen und dass wir diese Zeit füreinander finden. Hilf uns, dass es uns in dieser Woche gelingt. Amen.

Umsonst habt ihr alles bekommen, umsonst sollt ihr es weitergeben.
Matthäus 10,8

3. Tag
Höhen und Tiefen

Alles, was auf der Erde geschieht, hat seine von Gott bestimmte Zeit ... weinen und lachen, wehklagen und tanzen.
Prediger 3,1.4

Alles in unserem Leben hat seine Zeit: die Kindheit, Freundschaften, das Wetter. Es gibt Zeiten, in denen wir uns unserem Ehepartner besonders verbunden fühlen, und Zeiten, in denen das nicht der Fall ist. Lassen Sie sich davon nicht entmutigen. Höhen und Tiefen gehören zum natürlichen Lebensrhythmus. Und sie haben ihren Sinn. Wenn wir uns einsam fühlen, wird uns dieses Gefühl dazu drängen, unsere Beziehung zu anderen Menschen und zu Gott zu vertiefen. Ein dürrer Boden veranlasst Pflanzen, besonders tiefe Wurzeln zu treiben. Keiner ist ständig glücklich.

Es gibt kein perfektes Leben – stets glücklich und leicht. Und es gibt keinen perfekten Partner. Das ist höchstens eine Fantasie aus *Die Frauen von Stepford.* Der beste Ehemann für Sie ist der, den Sie haben. Die beste Ehefrau für Sie ist die, die Sie haben. Betrachten Sie die folgenden Gedichtzeilen einmal im Licht Ihrer gegenwärtigen Situation:

Man kann sich sein Schlachtfeld nicht aussuchen.
Das tut Gott für uns.
Aber man kann seine Flagge dort aufrichten,
wo noch nie eine Flagge im Wind geweht hat.
NATHALIA CRANE

Mit anderen Worten: Beziehen Sie Position! Das ist der Mann, der Ihnen anvertraut wurde. Das ist die Frau, die Ihnen anvertraut wurde. Sie können gar nicht wissen, welche Tiefe Ihre Beziehung erreichen kann, solange Sie diese Gewässer nicht in ihrer ganzen Länge und Breite erkundet und über viele Jahre dort ausgehalten haben. Außerdem hat Ihre eigene Verwandlung doch gerade erst begonnen! Wer weiß, was Gott alles noch für Sie beide bereithält!

Wir würden sagen, mit unseren 25 Jahren Ehe fangen wir gerade erst an, es zu entdecken.

Lieber Vater, danke für meinen Ehepartner. Wenn es zwischen uns gut läuft, bin ich begeistert, aber wenn es schwierig wird, finde ich das weniger toll. Doch du bist Herr über mein ganzes Leben – mit all seinen Höhen und Tiefen. Schenke uns festen Halt bei dir. Lehre uns, dass wir uns mit unseren Nöten an dich wenden, damit wir einander Liebe schenken können, egal ob uns danach ist oder nicht. Lass uns den Wert von Freundschaft und tiefer Veränderung entdecken. Und mach unsere Ehe zu einem Bild deiner Schönheit. Amen.

Übrigens, Sie brauchen die Kameradschaft von Freunden außerhalb Ihrer Ehegemeinschaft. Es soll doch so sein, dass Sie Ihrem Ehepartner aus einem vollen Herzen heraus etwas anbieten können, *statt ihm nur Ihre Bedürftigkeit hinzuhalten.* Ihre Freundschaften mit anderen Menschen machen es Ihnen möglich, mit vollen Händen nach Hause zu kommen.

4. Tag
Eine gemeinsame Mission

Und Gott segnete die Menschen und sagte zu ihnen: „Seid fruchtbar und vermehrt euch! Füllt die ganze Erde und nehmt sie in Besitz!“
1. Mose 1,28

Fällt Ihnen auf, dass Gott, als er die Menschen im ersten Kapitel von 1. Mose mit einer Mission segnete, diese Berufung beiden gab, Mann und Frau, *gemeinsam*? Gott macht eines ganz deutlich: *Ihr sollt dieses Unterfangen zusammen anpacken.*

Im zweiten Kapitel von 1. Mose unterstreicht er diesen Punkt: Adam hat seine erste Aufgabe als Machthaber über die Erde (die Namensgebung für die Tiere) soeben beendet, als Gott dazwischenfunkt und verkündet: „Es ist nicht gut, dass der Mensch so allein ist. Ich will ein Wesen schaffen, das ihm hilft …“ (1. Mose 2,18). Der Junge hat gerade erst die Ärmel hochgekrempelt, da verordnet Gott ihm schon eine Pause, weil noch etwas – *jemand* – fehlt.

Und damit betritt Eva die Bühne, Adams Gefährtin. Da geht es nicht um saubere Socken oder den Sonntagsbraten. Gott nennt Eva Adams *ezer kenegdo.* Das ist ein machtvoller Name, der in der Bibel sonst nur für Gott benutzt wird, und zwar dann, wenn Menschen seine Hilfe verzweifelt nötig haben. Die Frau ist die wichtigste Gefährtin des Mannes, seine Lebensretterin.

Und darum ist beides auf immer miteinander verwoben – das Ehepaar und die Mission, die Mission und das Ehepaar.

Das hat folgenschwere Auswirkungen. Uns wurde eine Mission übertragen, die wir ohne unseren Partner nicht erfüllen können. Wir stehen das gemeinsam durch. Das ist Gottes Geschenk an Mann und Frau. Sie beide haben an etwas Schönem und Gefährlichem Anteil. Für das christliche Verständnis der Ehe ist das elementar.

Was also ist die Mission Ihrer Ehe? Wozu sind Sie beide *gemeinsam* berufen? Können Sie es sagen? Für den Jungen und das Mädchen im Märchen ist es lebenswichtig zu wissen, dass sie diese Sache gemeinsam durchstehen. Für eine gelingende Ehe ist es lebenswichtig, dass Mann und Frau eine gemeinsame Mission finden. Es kann sein, dass diese eine Sache eine ins Wanken geratene Ehe rettet.

In jedem Fall wird es Sie – unabhängig davon, wo Sie heute stehen – in eine ganz neue Dimension von Gemeinschaft führen.

Lieber Gott, es ist gut zu wissen, dass unsere Ehe einen höheren Sinn hat – höher als alles, was wir uns vorgestellt haben. Du hast uns Träume, Sehnsüchte, Hoffnungen und Visionen ins Herz gelegt. Entfache dieses Feuer neu und lass uns anfangen, gemeinsam zu träumen. Was hast du in uns hineingelegt? Was würden wir gern tun? Wie sollen wir dein Reich auf dieser Erde bauen und dein Leben und deine Liebe in sie hineintragen? Voller Hoffnung und Vorfreude und Dank bitten wir dich um deine Inspiration. Amen.

Deshalb verlässt ein Mann Vater und Mutter, um mit seiner Frau zu leben. Die zwei sind dann eins, mit Leib und Seele.

1. Mose 2,24

5. Tag
Jesus – Ihr bester Freund

Niemand liebt mehr als einer, der sein Leben für seine Freunde opfert. Ihr seid meine Freunde.
Jesus in Johannes 15,13-14

Das größte Geschenk, das Sie Ihrer Ehe machen können, ist, eine echte Beziehung zu Jesus Christus aufzubauen.

Wir sprechen hier nicht nur davon, an Gott zu glauben. Es gibt viele gute Menschen, die an Gott glauben, aber aus den verschiedensten Gründen trotzdem noch von Ihrem Partner erwarten, dass er sie glücklich macht. Wir sprechen hier von einer Beziehung, durch die Sie bei Gott das Leben und die Liebe finden, die Ihre Seele so verzweifelt nötig hat.

Das ist nichts, was Mystikern vorbehalten wäre. Die Liebe Gottes ist real und ganz persönlich und jederzeit für uns zugänglich. Gott *will* das alles für Sie sein. Das ist doch der *Grund*, warum er uns allen dieses unstillbare Verlangen und dieses zerbrechliche „Gefäß" unseres Körpers gegeben hat! Um Leben geben zu können, müssen Sie erst einmal Leben haben.

Das Geheimnis des Glücks lautet: Gott ist die Liebe, nach der Sie sich sehnen.

Thomas von Kempen hat (frei übersetzt) gesagt: „Ohne einen Freund lebt es sich nicht gut. Und wenn Jesus nicht dein bester Freund ist, wirst du traurig und trostlos sein." Wir sollten unser

Leben lang nie vergessen, dass es keinen besseren Freund gibt als Jesus – keinen vertrauteren, verlässlicheren Wegbegleiter –, und dass wir vor allem seine Freundschaft entdecken müssen. Wo auch immer wir sind, er wird bei uns sein. Er ist der wahrhaftigste und treuste Freund, den man haben kann.

Lieber Jesus, danke, dass du mich deinen Freund nennst. Es ist wahr: Du bist der beste Freund, den ich jemals haben kann. Schenk unserer Freundschaft immer mehr Tiefgang. Ich will dich noch besser und tiefer kennenlernen. Bitte zeig dich mir in deinem Wort und in deiner Schöpfung. Danke. In Jesu Namen. Amen.

Ein Freund steht allezeit zu dir, auch in Notzeiten hilft er dir wie ein Bruder.
Sprüche 17,17

Übung

Entschließen Sie sich zu einer der unten genannten Möglichkeiten, die Sehnsüchte und das Glück Ihres Ehepartners über Ihre eigenen Bedürfnisse zu stellen. Aber sagen Sie Ihrem Partner vorher nichts davon!

- sein Lieblingsessen kochen
- die Sendung im Fernsehen anschauen, die Ihr Partner sehen möchte

- einen Nachmittag oder Abend lang das machen, was Ihr Partner möchte – egal ob es das Ausmisten der Garage ist oder ein Spaziergang oder ein Ausflug
- Ihrem Partner die Wahl geben, in welches Restaurant er gehen oder welchen Film er im Kino sehen möchte, und in jedem Fall mit einem „Klasse Idee! Das machen wir!" antworten

Machen Sie diese Übung zu einer festen Gewohnheit. Sie gehört dazu, wenn es darum geht, dass wir auf spielerische Weise Zeit miteinander verbringen.

So folgt nun Gottes Beispiel als die geliebten Kinder und lebt in der Liebe, wie auch Christus uns geliebt hat und hat sich selbst für uns gegeben als Gabe und Opfer (...). Ihr Männer, liebt eure Frauen, wie auch Christus die Gemeinde geliebt hat und hat sich selbst für sie dahingegeben, um sie zu heiligen. ... „Darum wird ein Mann Vater und Mutter verlassen und an seiner Frau hängen, und die zwei werden ein Fleisch sein" (1. Mose 2,24). Dies Geheimnis ist groß; ich deute es aber auf Christus und die Gemeinde.
EPHESER 5,1-2.25-26.31-32 (LUTHER)

Die fünfte Woche

Ihr Ehepartner ist nicht Ihr Feind

1. Tag
Mitten in einem schrecklichen Kampfgeschehen

Denn der Herr zieht aus wie ein Held, er führt seine Scharen zum Kampf und feuert sie an. Er erhebt das Kriegsgeschrei und wirft seine Feinde zu Boden.
Jesaja 42,13

Denken Sie noch einmal an die Märchen. Fällt Ihnen auf, dass es kaum ein Märchen gibt, in dem nicht ein Königreich auf Messers Schneide stünde? Stets greift das Böse an. Was wollen uns diese archetypischen Geschichten sagen? Das Gleiche, was uns auch die Bibel zu sagen versucht.

Sie sind Teil einer Liebesgeschichte, doch sie spielt inmitten eines Kampfgeschehens.

Adam und Evas Flitterwochen – und ihre gemeinsamen Flitterwochen mit Gott – haben gerade erst begonnen, und schon schleicht sich das Böse ein, um allen das Herz zu brechen. Der Teufel überzeugt die beiden davon, dass sie Gott nicht trauen können. Die Schlange täuscht sie. Sie brechen eines der Gebote, die Gott ihnen gab. Sie greifen nach der Frucht und die Sünde bricht sich Bahn. Das wunderschöne Königreich wird von Finsternis übermannt. Der Kreis der Vertrautheit wird durchbrochen.

Der Sündenfall brachte alles nur erdenkliche Leid mit sich.

In dem Augenblick, in dem Adam und Eva ihr Herz der Knechtschaft des Feindes unterwarfen, lieferten sie ihm die gesamte Welt aus. Darum nennt Jesus Satan den „Fürst dieser Welt". Doch unser treuer Gott hat Rettung versprochen. Er sagte uns: „Ich werde euch zu Hilfe kommen!" Und die Geschichte, die von diesem Unterfangen berichtet, findet ihren Höhepunkt auf einem Hügel namens Golgatha.

Die große Schlacht um die Herzen der Menschen ist noch nicht zu Ende. Sie tobt heute mit der gleichen Unbarmherzigkeit wie eh und je. Gott gab uns die Ehe zum einen als ein Bild für seine Liebe und zum anderen, weil wir einander brauchen. Wir spielen hier nicht „unsere kleine Farm" – wir leben als Teil einer großen, epischen Liebesgeschichte, die mitten im Kampfgeschehen stattfindet!

Lieber himmlischer Vater, danke, dass du Jesus, deinen einzigen Sohn, gesandt hast, um mich zu retten. Ich nehme sein Opfer dankbar an und empfange die Vergebung durch sein Blut. Danke für seinen Tod und seine Auferstehung und für das Leben, das ich dadurch haben kann. Ich liebe dich, Gott. Rüttle mich durch deine Liebesgeschichte wach und hilf mir, meinen Part darin anzunehmen. Ich bitte dich für unsere Ehe und all die Lebendigkeit, die du in unsere Beziehung legen möchtest. Amen.

Der Herr ist ein mächtiger Kämpfer; sein Name ist „der Herr".
2. Mose 15,3 (HFA)

2. Tag
Sie haben einen Feind

Seid wachsam und nüchtern! Euer Feind, der Teufel, schleicht um die Herde wie ein hungriger Löwe. Er wartet nur darauf, dass er jemand von euch verschlingen kann. Leistet ihm Widerstand und haltet unbeirrt am Glauben fest. Denkt daran, dass die Gemeinschaft eurer Brüder und Schwestern in der ganzen Welt die gleichen Leiden durchzustehen hat.
1. PETRUS 5,8-9

Der Verfasser des Petrusbriefs geht davon aus, dass jeder Einzelne („eure Brüder und Schwestern in der ganzen Welt") unter dem Beschuss eines sehr realen Feindes steht. Er stellt ihn als einen „hungrigen Löwen" dar, der uns auflauert und nur auf eine Chance wartet, um uns zu verschlingen. Er will uns nicht nur „versuchen". Er will uns vernichten. Falls Sie mal den Film *Der Geist und die Dunkelheit* gesehen haben, haben Sie eine kleine Ahnung davon, was das bedeutet.

Die Schilderung, die Petrus hier gibt, ist ernüchternd, und seine Leser haben sie als Bewohner von Ländern, in denen es Löwen gab, sicher ernst genommen. Möglicherweise hilft es uns modernen Menschen, wenn wir uns Satan als einen gerissenen, gefährlichen, geradezu besessenen Terroristen vorstellen, der versucht, so viel zu zerstören, wie er nur kann, und sich dabei nicht an irgendwelche Regeln der Fairness hält.

Wir hören es, und doch scheinen wir es nicht aufzunehmen.

Die meisten unter uns wollen nicht glauben, dass unsere Ehe einen Feind hat. Wenn etwas richtig schiefläuft, schieben wir die Schuld auf unseren Ehepartner, auf uns selbst oder auf Gott. Und meist liegt es ja wirklich an uns. Doch wir sind naiv, wenn wir diese Schlüsselfigur der Geschichte, die Gott erzählt, komplett ausblenden. Wir werden ermahnt, dem Teufel keinen Boden zu überlassen. Wir sollen ihm widerstehen und gegenüber dem „Ankläger der Brüder" wachsam sein.

Satan wird in der Bibel als äußerst aktive Bedrohung eingeschätzt, doch die wenigsten Menschen leben entsprechend. Mal im Ernst, wie viele Ehepaare kennen Sie, die bemerken, was Satan in ihrem Leben anrichtet, und die tatsächlich jeden Tag im Gebet dagegen angehen? Oder auch nur einmal in der Woche? Oder einmal im Monat?

Wenn es um den Feind geht, sind wir alle blind.

Sie haben einen Feind. Ihre Ehe hat einen Feind.

Und ob Sie es glauben oder nicht, das ist eine gute Nachricht!

Denn daraus folgt die Erkenntnis, dass Ihr Ehepartner *nicht* Ihr Feind ist. Er ist nicht der Feind. Sie ist nicht der Feind. Wirklich nicht. Und Gott steht auf Ihrer Seite! Sich dem Feind entgegenzustellen hat große Macht. Satan mag es gar nicht, wenn Sie im Namen Christi Ihre Autorität über ihn in Anspruch nehmen – denn er weiß nur zu gut, dass es funktioniert.

Lieber Herr Jesus, mach mir die geistliche Dimension bewusst, in der ich lebe. Ich will mich hiermit bewusst gegen die Einmischung des Teufels und seiner Gefolgsleute in meine Ehe stellen und weise ihn im Namen Jesu zurück.

Der, der in mir lebt, ist größer als der, der in dieser Welt ist. Lehre mich, Herr, auch geistlich für meine Ehe zu kämpfen. Im Namen des Herrn Jesus Christus. Amen.

Unsere Brüder und Schwestern haben ihn besiegt durch das Blut des Lammes und durch ihr standhaftes Bekenntnis.
OFFENBARUNG 12,11

3. Tag
Wir kämpfen für etwas, nicht gegen etwas

Deshalb ordnet euch Gott unter! Leistet dem Teufel Widerstand, und er wird vor euch fliehen.
JAKOBUS 4,7

Sie erinnern sich: Gott gab uns diese Geschichte über die erste Ehe, damit wir uns unserer Bedeutung bewusst werden. Sie vermittelt uns wesentliche Orientierungspunkte für die Navigation *unserer* Ehe – wie wesentlich das Geschlecht für unsere Identität ist und dass wir eigentlich für das Paradies geschaffen wurden. Dass die Menschheit gefallen ist und welche Auswirkungen das auf unser Mannsein und Frausein hat. Und noch etwas macht diese Geschichte sehr deutlich: Wir haben einen Feind.

Ich meine, jeder von uns hat doch manchmal das Gefühl, er habe einen Feind, aber wen würde er als solchen benennen? Den Ehepartner – stimmt's? Manchmal betritt man den Raum, und schon sieht und empfindet man seinen Ehepartner als Feind. „An zwei von drei Tagen", meinte einer meiner Freunde zynisch.

Liebe Freunde, wenn Sie nicht in diesen Kategorien denken, werden Sie Ihr Leben nicht verstehen und schon gar nicht erkennen können, was in Ihrer Ehe vor sich geht. Würde man uns bitten, die „Top 3“ zu nennen, die einer Ehe am meisten weiterhelfen, so würden wir folgende Liste aufstellen:

1. Finde deine Identität und Sicherheit in Gott!
2. Stell dich deiner Zerbrochenheit!
3. Lerne, die geistlichen Attacken abzuwehren, denen deine Ehe ausgesetzt ist!

Wenn Sie nur diese drei Grundsätze beherzigen und nichts darüber hinaus tun, so werden Sie trotzdem staunen, wie viel Freiheit, Liebe und Freude freigesetzt werden.

Sie haben einen Feind, und es ist nicht ihr Ehepartner. Je früher Sie das begreifen, desto besser.

Wir leben in einer Liebesgeschichte, die sich mitten in einem großen, schrecklichen Kampfgeschehen abspielt. Wenn wir unsere Auseinandersetzungen als das erkennen, was sie sind, und gegen unseren *wahren* Feind kämpfen, werden wir zu der großen Liebesgeschichte zurückfinden.

Es mag eine Weile dauern. Der Kampf kann sich über mehrere Runden hinziehen. Und natürlich wird der eigentliche Kampf zwischen Gott und dem Feind erst aufhören, wenn der Reiter auf dem weißen Pferd zurückkehrt. Bis dahin gilt, dass unser Herz für eine heldenhafte Liebe geschaffen wurde, und wir werden uns niemals lebendiger fühlen als in den Zeiten, in denen wir heldenhaft lieben.

Jesus, ich liebe meinen Ehepartner. Bitte mache mich um unserer Beziehung willen kampfbereit. Vergib mir, wo ich meinen Ehepartner für den Feind gehalten habe. Er ist es

nicht. Ich beschließe, für meinen Ehepartner und unsere Ehe zu kämpfen. Entlarve die Machenschaften des Feindes, mit denen er unsere Ehe zerstören will. Und setze diesen Plänen ein Ende. Hilf uns, Herr. Wir brauchen dich! Und du bist mehr als genug. In dem Namen, der über alle Namen ist. Amen.

Aber mitten in alldem triumphieren wir als Sieger mit Hilfe dessen, der uns so sehr geliebt hat.
Römer 8,37

4. Tag
Überlassen Sie dem Teufel nicht das Feld

Ich bin gekommen, um ihnen das Leben zu geben,
Leben im Überfluss.
Johannes 10,10

Satan ist ein Lügner, „der Vater der Lüge" (Johannes 8,44; Luther). Er lügt so überzeugend, dass es ihm gelang, einen wunderbaren Mann und eine wunderbare Frau zum Verrat an Gott zu verführen – an dem Gott, mit dem sie Tag für Tag zusammenlebten. Ich denke, wir neigen dazu, Adam und Eva als Idioten abzutun, die uns diesen ganzen Schlamassel überhaupt erst eingebrockt haben.

Doch sie waren Menschen, die noch nicht gesündigt hatten, die noch völlig unverwundet waren. Sie waren Mann und Frau in all ihrer Herrlichkeit. Und selbst *sie* wurden verführt. Das sollte uns allen einen Heidenrespekt davor einjagen, wozu der Feind imstande ist!

Selbst die Besten unter uns können ihm zum Opfer fallen.

Was macht nun dieser Vater der Lüge? Er wirkt auf die verschiedensten Situationen mit seinem ganz eigenen „Dreh" ein. Dieser „Dreh" äußert sich typischerweise in einem „Gedanken" oder „Gefühl": *Sie liebt mich nicht wirklich. Er wird sich nie ändern. Sie macht das immer.*

Satan versucht, sich unsere „Zustimmung“ zu sichern – einen sehr subtilen, aber wirkungsvollen Umschwung in unserem Inneren, durch den wir seinem „Dreh“ Glauben schenken, uns dem Gefühl hingeben und die Lüge, die der Feind uns auftischt, als Realität akzeptieren. (Es fühlt sich immer so *wahr* an.) *Sei zufrieden mit dem, was du hast. Riskier bloß keine weiteren Verletzungen.*

Wenn wir die Lüge erst einmal geschluckt und ihr unsere Zustimmung erteilt haben, geraten wir unter den Bann der Lüge, die dann unsere Deutung der Ereignisse beeinflusst. Dann wird das Ganze mehr oder weniger zum Selbstläufer, zu einer sich selbst erfüllenden Prophezeiung. Die erteilte Zustimmung definiert zunehmend unsere Beziehung. Sie färbt die Art und Weise, wie wir einander erleben. Es kann verheerende Folgen haben, wenn wir diese Dinge ungeprüft und unkontrolliert laufen lassen.

Zunächst möchten wir, dass Sie erkennen, was vor sich geht, wenn der Feind Ihnen einen Gedanken oder ein Gefühl zur Zustimmung vorlegt – damit Sie keinen Meter Boden herschenken. Kämpfen Sie dagegen an, widerstehen Sie der Sache, und schicken Sie den Gedanken oder das Gefühl unbesehen zurück in die Hölle. Sie müssen sich klarmachen, was hier auf dem Spiel steht.

Das Reich Gottes steht und fällt mit den Hunderten von kleinen Entscheidungen, die wir täglich treffen. Viele dieser fatalen Zustimmungen sind bereits tief in unserem Leben verankert. Manche haben eine lange Geschichte und sind uns bereits derart vertraut, dass wir sie kaum noch als das erkennen, was sie sind. Wie also können wir sie uns eingestehen?

Nun, fragen Sie Jesus! (Das wird eine wahre Offenbarung für Sie werden.)

„Herr, wo habe ich im Blick auf meine Ehe den Lügen des Feindes meine Zustimmung erteilt?" „Herr, wo habe ich im Blick auf meinen Ehepartner den Lügen des Feindes meine Zustimmung erteilt?"

Wenn Jesus Ihnen solche Dinge offenbart, müssen Sie *damit brechen.* Sie müssen Ihre innere Zustimmung widerrufen. Hier ein Vorschlag, wie das aussehen kann:

Jesus, vergib mir, dass ich diesen Dingen in meinem Herzen Raum gegeben habe. Ich lehne meine Zustimmung dazu ab. Ich widerrufe sie. Ich breche mit der Lüge: ....

...

(Füllen Sie diese Lücke mit Ihren Worten. Worin besteht die Lüge, der Sie zugestimmt haben?) Ich bitte dich, dass du mit deinem Licht und deiner Liebe an diese Stellen kommst. Lass dein Licht hineinscheinen. Führ mich zurück in deine Wahrheit. Füll diesen inneren Ort mit deiner Liebe, Herr. Amen.

Ich habe euch Vollmacht gegeben ... die ganze Macht des Feindes zunichtezumachen.
LUKAS 10,19

5. Tag
Die Kraft des vereinten Gebets

Ich versichere euch: Was ihr auf der Erde binden werdet, das soll auch im Himmel gebunden sein. Und was ihr auf der Erde lösen werdet, das soll auch im Himmel gelöst sein. Aber auch das sage ich euch: Wenn zwei von euch hier auf der Erde meinen Vater im Himmel um etwas bitten wollen und darin übereinstimmen, dann wird er es ihnen geben.
Matthäus 18,18-19

Eines der größten Geheimnisse im Reich Gottes ist die Kraft des vereinten Gebets. Das stimmt umso mehr, wenn die Zwei, die sich eins machen, verheiratet sind. Vergessen Sie nicht: In der geistlichen Welt gelten Sie beide als eins. Wenn Mann und Frau zusammenstehen, zittern die Dämonen!

Der Feind weiß das besser als wir, und darum wird Ihnen – egal, welche Art Angriff er gegen Sie fährt – *nicht* danach sein, gemeinsam zu beten. Sie werden plötzlich ärgerlich aufeinander reagieren. Sie werden den Kopf zum Gebet senken und auf einmal feststellen, dass er derart schwer durch die Nase atmet, dass Sie aus der Haut fahren könnten, und auf einmal sind Sie nicht mehr in der Lage zu beten. Oder einer von Ihnen wird nur „darüber reden" wollen. Das ist ein beliebter Trick des Feindes, um Sie davon abzubringen, gemeinsam um etwas zu beten. Es wird Ihnen sinnlos erscheinen, und Sie werden sich albern vorkommen. Aber tun Sie es trotzdem! Denn wenn Sie im Gebet zusammenstehen, *werden* Sie Erfolge sehen. Sie haben dann die erste Schlacht bereits gewonnen – denn Sie haben die Reihen geschlossen gehalten.

Die Israeliten mussten *kämpfen*, um das Gelobte Land zu erreichen, und sie mussten kämpfen, um hineinzugelangen. Als sie endlich drin waren, mussten sie kämpfen, um die Feinde daraus zu vertreiben, und weiterkämpfen, damit es auch so blieb. David musste kämpfen, um sich den Thron zu sichern, und er musste kämpfen, um ihn zu behalten. Gott hat lange gekämpft für die Liebesbeziehung, die er zu uns haben möchte, und noch heute kämpft er dafür. Sie müssen keine Angst vor dem Kampf haben. Diese Auseinandersetzung ist zu gewinnen, und sie wird wunderbare Eigenschaften in Ihnen hervorbringen – Dinge wie Tapferkeit, Standhaftigkeit und Liebe.

Uns ist bewusst, dass es viele Ehen gibt, in denen sich die Ehepartner eher getrennt als vereint vorkommen. Möglicherweise hat Ihr Ehepartner nicht so eine enge Beziehung zu Gott; vielleicht ist er noch nicht einmal gläubig. Aber bitte verzweifeln Sie nicht! „Denn der ungläubige Mann steht durch seine gläubige Frau unter dem Einfluss Gottes, ebenso die ungläubige Frau durch ihren gläubigen Mann“ (1. Korinther 7,14; HFA). Ihre eigene Beziehung zu Gott hat in Ihrer Ehe einen großen Einfluss. Und wenn es um das Gebet geht, besitzen Sie trotzdem viel Vollmacht.

Das gemeinsame Gebet ist eine intime Begegnung. Es wird unsere Gemeinschaft und Vertrautheit fördern. *Wir stehen das gemeinsam durch!* Das Gebet lässt uns nackt dastehen, und in der Ehe ist das etwas sehr Schönes. Es fühlt sich vielleicht unbeholfen an, insbesondere zu Beginn. Aber nur Mut, Freunde, es lohnt sich!

Lieber Vater, lehre uns beten. Hilf uns, die Zeit dafür herauszuschlagen und uns im Beten zu üben. Dein Reich komme in unserer Ehe, und dein Wille – nichts als dein Wille – geschehe. Ich liebe dich. Danke! Amen.

Wie geht's zu, dass einer tausend verjagt und zwei sogar zehntausend flüchtig machen?
5. Mose 32,30 (Luther)

Übung

Wie lernt man, gemeinsam zu beten? Zu Beginn würden wir einfach das „tägliche Gebet" sprechen:
Herr Jesus, wir vertrauen dir unser Haus, unsere Ehe und unsere Familie an. Erfülle uns mit deinem Leben. Komm und sei du der Herr unserer Ehe, unseres Hauses und unserer Familie.

Wenn Sie das einen Monat lang tun, werden Sie erstaunt sein, wie sehr der Nebel sich lichtet.

Die sechste Woche

Die kleinen Füchse

1. Tag
Seien Sie auf der Hut!

Fangt uns die Füchse, die kleinen Füchse, die die Weinberge verderben; denn unsere Weinberge haben Blüten bekommen.
HOHELIED 2,15 (LUTHER)

Wir haben alle unsere ungeschriebenen Listen der Dinge, die uns nerven – am Leben ganz allgemein, an anderen Menschen, an unserem Ehepartner. Das ist einfach so. Wenn wir zulassen, dass solche kleinen Irritationen uns unter die Haut gehen, können sie einen ziemlich subtilen und doch sehr realen Keil zwischen uns und unseren Partner treiben. Wir dürfen die Dinge nicht übertreiben und sollten locker damit umgehen. Die Socken, die ständig auf dem Boden herumliegen, oder die leere Milchtüte im Kühlschrank – das sind keine Themen, an denen wir unsere Liebe festmachen sollten. Natürlich wollen wir ein Bewusstsein für den anderen entwickeln und die Dinge, die ihn auf die Palme treiben, nicht länger tun. Aber wir sind auch Menschen und leben in einer gefallenen, chaotischen Welt. Da wird so etwas manchmal passieren. Und was machen wir dann? Den anderen trotzdem lieben.

Über manche Dinge muss man reden. Beten Sie um Weisheit. Das richtige Timing ist auf dem fliegenden Trapez ehelicher Kommunikation das A und O. „Wie gut ist das richtige Wort zur rechten Zeit!“, heißt es in Sprüche 15,23. Wir müssen nicht nur lernen, unsere Worte sorgfältig zu wählen. Wir müssen auch den richtigen Zeitpunkt finden.

Gibt es Themen, die in Ihrer Ehe immer zum Streit führen? Sie bringen ein Thema auf – Geld, Sex, seine Mutter, ihre Mutter, ihr Bruder, Arbeitszeiten, Übergewicht, die Urlaubsplanung –, und schon fliegt Ihnen alles um die Ohren. Warum ist das so? Man kommt sich vor wie auf einem Minenfeld.

Genau, das ist es. Sie haben gerade Feindesland betreten – denn genau so arbeitet der Feind Gottes.

Was können Sie tun? Beten Sie. Gehen Sie die Probleme an – gemeinsam. Und vergessen Sie nicht: Ihr Ehepartner ist auf Ihrer Seite, egal ob sich das gerade so anfühlt oder nicht!

Und was auch immer sonst noch los sein mag, Sie dürfen immer wissen, dass Gott Ihre Ehe zu Ihrer Heiligung nutzt. Ihm geht es darum, Sie zu verändern. Und Sie wissen auch, dass man wegen des Balkens im eigenen Auge oft nicht gut sieht. Darum sollte man immer bei sich selbst anfangen, selbst wenn der Hauptgrund für die Krise woanders liegt.

Lieber Gott, ich weiß, dass es dir darum geht, mich zu verändern. Warum nervt es mich so, wenn mein Ehepartner

...

Beißt sich das mit meiner Lebensauffassung? Geht es vielleicht eigentlich darum, dass ich die Kontrolle behalten oder gut dastehen will, oder dass ich nicht gern festgenagelt werde? Warum sind manche dieser Kleinigkeiten so ein Drama? Erklär mir das, Vater. Ich gebe dir die Erlaubnis, mich zu verändern. Ich will ein liebevoller Mensch sein. Hilf mir, meinen Ehepartner zu lieben und zur rechten

Zeit mit ihm zu reden und mich dabei von dir führen zu lassen. In Jesu Namen. Amen.

Alle eure Sorgen werft auf ihn, denn er sorgt für euch.
1. Petrus 5,7

2. Tag
Stürme sind unausweichlich

Mehr noch: Wir rühmen uns sogar der Leiden, die wir für Christus auf uns nehmen müssen. Denn wir wissen: Durch Leiden lernen wir Geduld, durch Geduld kommt es zur Bewährung, durch Bewährung festigt sich die Hoffnung. Unsere Hoffnung aber wird uns nicht enttäuschen. Denn dass Gott uns liebt, ist uns unumstößlich gewiss. Seine Liebe ist ja in unsere Herzen ausgegossen durch den Heiligen Geist, den er uns geschenkt hat.
Römer 5,3-5

Das Leben ist hart, manchmal unerträglich hart. Jesus versteht das nur zu gut. „Obwohl er Gottes Sohn war, hat er zunächst durch das, was er durchmachen musste, Gehorsam gelernt" (Hebräer 5,8). Wenn *Jesus* sogar durch Leiden lernen musste, bleibt wohl nicht allzu viel Raum für Beschwerden, oder? Wie sollten wir diese Lektion überspringen, wenn sogar er sie lernen musste?

Leid ist offensichtlich ein Teil unserer Erziehung als Kinder Gottes. Das soll *nicht* heißen, dass alles Schlechte, das Ihnen widerfährt, eine Strafe Gottes ist. Es bedeutet nicht, dass Ehekrisen eine Art Vergeltung für vergangene Sünden sind. Das ist ein völlig verkorkstes Verständnis von Theologie, das schon vielen Menschen geschadet hat.

Wir leben in einer zerbrochenen Welt, und zu einem Leben

jenseits von Eden gehören Krankheiten, Unfälle und Verletzungen nun einmal dazu. Auch gibt es in dieser Welt viele üble Einflüsse, die eine Menge Unheil anrichten. Die Sünde der Menschen allein würde schon ausreichen, um das ganze Schiff zu versenken. Mischen Sie all diese Zutaten zusammen, und Sie bekommen jede Menge Gründe, warum Menschen leiden.

Nachdem das also geklärt wäre, müssen wir aber doch die Tatsache anerkennen, dass Leid ein ungeheuer wirkungsvoller Lehrmeister ist. Nichts erregt unsere ungeteilte Aufmerksamkeit effektiver als Schmerz. Doch die gute Nachricht lautet, dass Leid auch einen überraschend positiven Effekt auf uns hat: Es gibt uns Hoffnung (siehe Römer 5,3-5). Hoffnung ist die Frucht eines geprüften Charakters, und der Charakter wird geprüft, wenn wir in schweren Zeiten standhaft bleiben. Manchmal sind harte Zeiten einfach gut für uns. Es gibt bestimmte Dinge im Zusammenhang mit Gott, die wir nie begreifen werden, solange wir keine harten Zeiten durchmachen. Auch über uns selbst würden wir so manches sonst nicht erkennen.

Die Zeiten sind heute hart für eine Ehe. Bei den meisten Leuten leben die nächsten Verwandten heutzutage weit weg. Gemeinschaft scheint eine Institution der Vergangenheit zu sein, und die Kirche verliert offenbar immer mehr an Bedeutung (ob das nun stimmt oder nicht, sei dahingestellt). Wir sind alle so beschäftigt, dass wir für tiefe Beziehungen so gut wie keine Zeit mehr haben. Das gilt insbesondere für die Paarbeziehung. So sind wir zunehmend isoliert. Und das ist gefährlich.

Keine Ehe überlebt allein. Wir brauchen die liebevolle Unterstützung anderer. In den ruhigen Zeiten und wenn die Stürme kommen.

Lieber Vater, du weißt, was bei uns gerade los ist. Ich lade dich in diese Situation ein. Zieh uns zu dir hin – egal ob wir gerade schwere Zeiten durchmachen oder nicht. Gib mir heute die Weisheit, mit meinem Ehepartner in guter Weise zusammenzuleben und Freundschaften mit anderen zu pflegen, damit wir in unserer Ehe nicht allein stehen. Amen.

Unsere Bedrängnis machte ihm selber Not.
JESAJA 63,9

3. Tag
Sie sind geliebt

Nur ihm, meinem Liebsten, gehöre ich und mir gilt sein ganzes Verlangen!
HOHELIED 7,11

Die Stürme werden kommen, so viel steht fest. Sie brauchen einen Platz, an dem Sie sicher stehen können. Sie brauchen ein festes Fundament unter Ihren Füßen. Wenn Sturm aufkommt und die Flut steigt – und sei es nur in Ihrem Innern –, ist es aus unserer Sicht sehr hilfreich, wenn man sich an einige Grundwahrheiten hält. Die wichtigste lautet:

Ich bin geliebt – zutiefst und wahrhaft geliebt.

Ihr Schöpfer sagt zu Ihnen: „Ich habe nie aufgehört, dich zu lieben. Ich bin dir treu wie am ersten Tag“ (Jeremia 31,3).

Würde man all das Leid der Welt sammeln und je nach Ursache in verschiedene Becken fließen lassen, so würde die Mehrzahl der Tränen einen wahren Ozean bilden, und an diesem Becken stünde: „Ungeliebt“. Denn geliebt zu werden ist die tiefste Sehnsucht des Menschen – egal, wie sehr wir uns bemühen vorzugeben, es wäre nicht so. Wenn unsere Ehe uns Schmerzen bereitet, beinhalten die Pfeile, die unser Herz durchbohren, immer auch die Botschaft: *Du bist nicht geliebt.* Die einzelnen Pfeile mögen anders heißen – Ablehnung, Wut, Verrat, Anschuldigungen oder Schweigen. Doch die Botschaft ist immer die Gleiche: *Du bist nicht mehr geliebt, und eigentlich warst du es noch nie.*

Wir müssen unser Herz daher in der einen Liebe verankern, die uns ganz sicher ist. Sie sind heute geliebt, so wie Sie es schon immer waren und immer sein werden. Vielleicht hilft es Ihnen, wenn Sie sich das immer wieder sagen – jeden Tag oder auch jede Stunde. Das ist das Boot, das Ihr Herz über das Meer des Schmerzes in den sicheren Hafen Gottes leitet.

Danke, Vater, dass du mich liebst. Du hast mich vor der Erschaffung der Welt erwählt. Aus deiner großen Liebe heraus hast du deinen einzigen Sohn gesandt, damit er an meine Stelle tritt. Du liebst mich so sehr, dass du den höchsten Preis bezahlt hast, den man sich nur vorstellen kann. Und nun kann mich nichts mehr von deiner Liebe trennen (siehe Römer 8,38-39). Nichts! Dafür danke ich dir, Vater. Ich will dir glauben, dass du mich liebst! Das beschließe ich hier und jetzt. Und auch ich liebe dich. Amen.

Der Herr, dein Gott, (...) hat Freude an dir, (...) denn er liebt dich; er jubelt laut, wenn er dich sieht.
Zefania 3,17

4. Tag
Ihnen ist vergeben

Er hat uns unsere ganze Schuld vergeben.
Kolosser 2,13

Wir gehen davon aus, dass Ihnen Ihre Ehe am Herzen liegt. (Schließlich lesen Sie ja dieses Buch.) Nun gut, dann ist es vermutlich auch zulässig anzunehmen, dass Sie dazu neigen, die Schuld bei sich selbst zu sehen. Sie sind sich vermutlich Ihrer Unzulänglichkeiten in der Ehe bewusst. Daraus folgt in der Regel auch, dass Sie sich selbst manchmal schlecht machen. Ja, sicher, Sie haben Ihren Anteil an dem ganzen Schlamassel. Aber Sie können und sollten das vor Gott bringen und sich von ihm vergeben lassen. Sonst hängt Ihnen Ihr Versagen wie ein Mühlstein um den Hals. *Alles* wurde vergeben. *Ihnen* wurde vergeben. Das ist die zweite Grundwahrheit, auf die wir uns stellen dürfen.

Das Kreuz Christi ist genug für all unsere Fehler und Schwächen. Wir sind reingewaschen. Uns ist vergeben. Atmen Sie tief durch. Sprechen Sie es laut aus: „Mir wurde vergeben – ganz und gar vergeben."

Lassen Sie uns immer wieder zum Thron Gottes gehen und Vergebung für unsere Sünden empfangen. Sie dürfen wissen, dass alle Schuld bereits bezahlt ist. Keiner von uns wird je vollkommen sein – nicht im Leben und nicht in der Liebe. Vollkommen war nur Jesus. Und sein Blut bedeckt uns. Jeden Fehler, jede Schwäche, jede Enttäuschung. Jeden Augenblick, in dem wir den Erwartungen nicht gerecht werden. Jede kleinste Kleinigkeit. Jesu Blut ist mehr als genug. Für uns alle.

Danke, lieber Jesus, dass du all meine Sünden auf dich genommen hast. Danke, dass mir ganz und gar vergeben ist. Ich habe auch heute versagt, aber du hast es zugedeckt. Oh ja, es tut mir leid. Ich nehme diese Wahrheit in vollen Zügen in mich auf, dass du mehr als genug für mich bist. Danke, Herr, dass du mir vergeben hast. Ich will deine Vergebung annehmen! Herr, lebe du in mir. Liebe du durch mich. Ich brauche dich. Amen.

Einst wart ihr tot, denn ihr wart unbeschnitten, das heißt in ein Leben voller Schuld verstrickt. Aber Gott hat euch mit Christus zusammen lebendig gemacht. Er hat uns unsere ganze Schuld vergeben. Den Schuldschein, der uns wegen der nicht befolgten Gesetzesvorschriften belastete, hat er für ungültig erklärt. Er hat ihn ans Kreuz genagelt und damit für immer beseitigt.
Kolosser 2,13-14

5. Tag
Sie sind geborgen und sicher

Niemand kann [dich] mir aus den Händen reißen, weil niemand [dich] aus den Händen meines Vaters reißen kann.
Johannes 10,28-29

Mit der Heirat haben wir alle unserem Ehepartner einen Teil von uns selbst gegeben. Wir wurden eins – auf eine tiefe und beinahe mystische Weise. Darum fühlen sich Witwen und Witwer oft so, als hätten sie *einen Teil von sich selbst verloren.* Darum kann es uns so scheinen, als ginge es um unsere eigene Seele, wenn es in der Ehe hart auf hart kommt, wenn wir Leid und Distanz erleben und alles andere als eins sind.

Doch Sie haben einen sicheren Ort, denn Sie gehören zu Jesus Christus. Die dritte Grundwahrheit, auf die wir uns immer stützen können, lautet: „Ich bin geborgen und sicher – zutiefst und wahrhaft geborgen."

Angst, Sorgen, Unsicherheit, Panik – all das bringt nichts Gutes. Absolut nichts! Oft richtet sich unsere Angst auf eine ungewisse Zukunft: *Werden wir es schaffen? Was wird aus mir werden? Was soll aus den Kindern werden?* Davon sollten Sie sich lösen, so schnell es geht! Sie sind sicher und geborgen. Gott wird Sie nicht verlassen. Beruhigen Sie sich!

Wenn es in der Ehe hart auf hart kommt, kann es uns so scheinen, als würden die Fundamente unseres Lebens wackeln.

Es ist gut, sich daran zu erinnern, dass das Fundament unseres Lebens fest steht, weil es auf dem beruht, was Jesus Christus für uns getan hat. Es gibt ein paar Dinge, die behalten ihre Gültigkeit – für immer und für alle Kinder Gottes, egal was auch geschieht. Es tut unendlich gut, wenn Sie in diesen Wahrheiten zur Ruhe finden. Lesen Sie sie sich noch einmal laut vor und erinnern Sie sich daran:

Gott ist mit mir – er wird mich niemals verlassen. Niemals.

Das ist doch wirklich eine gute Nachricht.

Lieber Jesus, danke, dass mein Name in deine Hand geschrieben ist. Danke, dass du mir zugesagt hast, mich nie zu verlassen. In dieser Wahrheit komme ich zur Ruhe. Ich bin geliebt. Mir ist vergeben. Ich bin geborgen und sicher in dir. Lass diese Wahrheiten tief in mir Wurzeln schlagen, damit sie ein festes Fundament für mich werden. Zu jeder Zeit. Ich gehöre zu dir. Heute und in Ewigkeit. Danke. Amen.

Niemals werde ich dir meine Hilfe entziehen,
nie dich im Stich lassen.
Hebräer 13,5

Übung

Nehmen Sie sich diese Woche etwas Zeit, um darüber nachzudenken, welche Tabuthemen es bei Ihnen gibt. Warum sind sie tabu? Beten Sie über diesen Fragen und laden Sie Jesus ein, diese Themen zu berühren. Nehmen Sie sich jeden Tag (oder auch den Rest Ihres Lebens) einige Minuten, um über die Grundwahrheiten nachzudenken: ***Ich bin geliebt. Mir ist vergeben. Ich bin geborgen und sicher.*** Schreiben Sie sie auf einen Zettel und kleben Sie ihn an Ihren Badezimmerspiegel. Danken Sie Gott dafür und beschließen Sie, ihm zu glauben. Wenn Sie das tun, wird Ihr Herz zur Ruhe kommen. Und Gott wird sich von Herzen darüber freuen.

Die siebte Woche

Eine immer vertrautere Beziehung

1. Tag
Ein weites Herz

Ein Mensch, der Einsicht hat, regt sich nicht auf; es gereicht ihm zur Ehre, bei Kränkungen Nachsicht zu üben.
SPRÜCHE 19,11

Wenn es um die Veränderung geht, die Gott mit uns anstrebt, befinden wir uns alle erst noch auf dem Weg, und das nicht immer in zielstrebigem Tempo. Da kann es sich leicht so anfühlen, als habe Ihr Ehepartner das Auto auf dem Seitenstreifen der Autobahn abgestellt. Und das mag ja auch so sein, und in dem Fall sollten Sie darüber reden. Doch selbst die Besten unter uns sind weit von der Wiederherstellung entfernt, die wir eigentlich bräuchten, und wir werden einander (immer wieder) zum Wahnsinn treiben. Die Ehe ist ein U-Boot, in dem man Aschenputtel und Huckleberry Finn zusammen eingesperrt hat. Wie soll man da eine Meuterei verhindern? Oder dass die beiden mit dem Messer aufeinander losgehen?

Mit einem weiten Herzen. Das ist die entwaffnendste Eigenschaft, die es in der Ehe braucht.

Ja, es gibt Dinge, über die man reden muss. Sie brauchen keine Angst zu haben, diese Themen auf den Tisch zu bringen – *nachdem* Sie mit Gott darüber gesprochen haben. Wenn wir aber jedes Mal aufhören würden, an unseren eigenen Problemen zu arbeiten, sobald unser Ehepartner etwas macht, was uns irritiert, werden wir niemals über das Frühstück hinauskommen. *(Ist es zu viel verlangt, dass du das Waschbecken ausspülst, nachdem du dir die Zähne geputzt und hineingespuckt hast? Hast du etwa gerade den letzten Joghurt gegessen? Du summst schon wieder vor dich hin! Könntest du das bitte lassen?!)* Das meiste davon können Sie einfach loslassen. Lassen Sie es einfach los.

Vergessen Sie nicht, dass Gott Ihnen Ihren Ehepartner gegeben hat, um auf diese Weise *Ihre* scharfen Kanten zu glätten. Gott ist eine unermesslich weitherzige Person – und er möchte auch Ihnen ein weites Herz geben. Wenn wir unserem Ehepartner den Raum geben wollen, den er braucht, um zu dem Menschen zu werden, zu dem er (oder sie) gedacht ist, dann müssen wir ihm auch genug Leine lassen, um drauflos zusegeln und auf die Nase zu fallen. Wir müssen einfach nur beschließen, die irritierenden Eigenarten und das gedankenlose Verhalten loszulassen.

Wachsen Sie darüber hinaus! Vergeben Sie, bevor der andere um Vergebung bittet. Tragen Sie nichts nach, sondern sorgen Sie jeden Tag für ein bereinigtes Konto.

Lieber Gott, ich will nicht vergessen, dass wir mitten in einer großen Auseinandersetzung stehen und nicht „heile Welt" spielen. Schenke uns beiden ein weites Herz, damit wir barmherzig miteinander umgehen. Hilf uns, dass wir aus einer Mücke keinen Elefanten machen. Und nun vergebe ich meinem Ehepartner, dass er/sie .... Und ich bitte auch selbst um deine Vergebung. Lass die Liebe in mir wachsen und reifen. Danke, dass du an uns wirkst. Amen.

Vor allem lasst nicht nach in der Liebe zueinander!
Denn die Liebe macht viele Sünden wieder gut.
1. PETRUS 4,8

2. Tag
Seine und ihre Bedürfnisse

Wir lieben, weil Gott uns zuerst geliebt hat.
1. JOHANNES 4,19

Mann und Frau brauchen einander. Das ist gut so. Doch unser Ehepartner ist nicht die Person, die wir am meisten brauchen. Mehr noch als unseren Partner brauchen wir Jesus. Die gute Nachricht lautet: Wenn wir ihn suchen, werden wir feststellen, dass er schon auf uns wartet. Er ist schon da – jetzt, hier. Und er ist bereit und in der Lage, unsere tiefsten Bedürfnisse zu stillen, unser Herz zu heilen und uns die Liebe zu geben, auf die hin wir geschaffen wurden.

Eine Frau *muss* wissen, dass sie geliebt ist, dass sie schön ist und dass sie nicht verlassen wird. Das sind die Fragen und Sehnsüchte, die sie vor Gott bringen muss. Meine lieben Damen, die Ehe ist nicht der primäre Ort, an dem Sie eine vertraute Beziehung suchen sollten! Ein Mann *braucht* Bestätigung. Er muss wissen, dass er geliebt ist und dass er das dazu Zeug hat, dieses Leben zu meistern. Mit diesem Bedürfnis muss er zu Gott gehen. Jungs, es wäre besser, wenn ihr die Ehe nicht zu dem primären Ort macht, an dem ihr eure Bestätigung sucht!

Wir brauchen unseren Vater im Himmel. Wir brauchen Gott.

Gott will die Liebe unseres Lebens sein. Er will auf die tiefsten Fragen unseres Herzens antworten. Wir müssen sie ihm nur *stellen.* Nehmen Sie sich Zeit, um in seinem Wort zu lesen. Bitten Sie ihn, Ihnen die Augen des Herzens zu öffnen, damit Sie ihn sehen und hören können. Auf die tiefsten Fragen und Nöte unseres Herzens hat er längst eine Antwort, aber er möchte, dass wir sie ganz persönlich erfahren.

Ja, Gott liebt alle Menschen. Aber er liebt auch speziell *Sie.* In einer ganz vertrauten, leidenschaftlichen und persönlichen Weise. Bitten Sie ihn am besten noch heute, Ihnen zu sagen, wie er über Sie denkt. Und dann nehmen Sie sich Zeit, auf seine Antwort zu lauschen. Wissen Sie was? Er kann es gar nicht erwarten, es Ihnen zu sagen.

Lieber Vater, ich weiß, dass du mich liebst. Ich weiß, du liebst meinen Ehepartner. Du liebst alle Menschen! Ich glaube deinem Wort. Aber ich sehne mich auch nach einer noch vertrauteren Beziehung zu dir. Zeig mir heute (und an jedem Tag) deine so reale, persönliche und einzigartige Liebe für mich. Was denkst du über mich, Herr? Wirklich – ich will hören, was du mir zu sagen hast. Und bitte hilf mir, dann auch zu glauben, was du sagst. Amen.

Ich habe dich bei deinem Namen gerufen, du gehörst mir!
JESAJA 43,1

3. Tag
Sexualität

Drei Dinge kann ich nicht erklären und das vierte ist mir erst recht ein Geheimnis: der Flug des Adlers am Himmel, das Gleiten der Schlange über eine Felsplatte, die Fahrt des Schiffes auf weglosem Meer und der unwiderstehliche Drang des Mannes zu einer Frau.
SPRÜCHE 30,18-19

Die Ehe ist der Schutzraum, den Gott für den Sex geschaffen hat. Nur dort, in diesem Zufluchtsort einer durch ein gegenseitiges, öffentliches Versprechen geschützten Liebe, werden Sie Sex in Vollendung erleben. Und das lebenslang.

Das Zusammentreffen zweier Körper im Feuerwerk der Sinne ist als Fest gedacht – der Höhepunkt einer Beziehung zwischen zwei Herzen und zwei Seelen, die bereits außerhalb des Schlafzimmers zusammengefunden haben und es nun kaum erwarten können, ihre Vertrautheit zu vertiefen, so weit es nur geht. „Ich *will* dich", das sagt alles – zwei Menschen wollen einander mit Haut und Haaren. Diese Leidenschaft entspringt der Seele, und die ersten Tanzschritte dieser Symphonie finden statt, lange bevor vier nackte Beine sich im Bett ineinander verschlingen.

Gott hat den Körper und das Herz von uns Menschen so geformt, dass wir Leidenschaft und Ekstase erleben können, wenn wir ganz und gar in der Liebe zu einem anderen Menschen aufgehen. Das ist etwas Übernatürliches, etwas zutiefst Irdisches und gleichzeitig auch Himmlisches. Sex ist ein Geschenk Gottes, das uns Freude bereiten soll.

Das sollte auch unser Bild von Gott verändern – Freude ist ihm ein echtes Anliegen! Menschen, die sich nicht so gut in der Bibel auskennen, sind in der Regel überrascht, wie häufig darin von Sex die Rede ist, und das mit, sagen wir mal, viel *Enthusiasmus.* In der Mitte des Hohelieds sagt Gott: „Trinkt und werdet trunken von Liebe!" (5,1; Luther).

Sex ist ein atemberaubendes Bild dafür, was Mann und Frau einander im Grunde in jedem Lebensbereich zu bieten haben. Er ist eine Metapher, ein leidenschaftliches Drama darüber, was es bedeutet, maskulin beziehungsweise feminin zu sein.

Viele Dinge tragen zu einer guten Ehe bei, aber im Kern sind es *Stärke* und *Schönheit.* Das geht weit über Sex hinaus. Es handelt sich um eine Wirklichkeit, die alle Aspekte unseres Lebens als Mann und als Frau durchdringt.

Lieber Gott, danke für das Geschenk der Sexualität. Ich gebe dir meine Sexualität und die meines Ehepartners hin. Reinige uns, heile uns und schenk uns in diesem Bereich neues Leben. Mache aus unserer sexuellen Beziehung einen Ort tiefer Freude und Erfüllung und Geborgenheit. Hilf uns, einander auch in diesem Bereich zu lieben und die gute Gabe zu empfangen, die du für uns bereitet hast. In Jesu Namen. Amen.

Trinkt und werdet trunken von Liebe!
Hohelied 5,1 (Luther)

5. Tag
Eine Einladung zur Intimität

Die beiden [Adam und Eva] waren nackt,
aber sie schämten sich nicht voreinander.
1. Mose 2,25

Wir leben in einer Liebesgeschichte, die mitten in einer kriegerischen Auseinandersetzung spielt. Da sollte es uns nicht verwundern, wenn Sex oft ein Ort voller Enttäuschungen, Schmerz und Leid ist. Vielleicht sogar *der* Ort für solche Erfahrungen. Der Feind hat sich darauf spezialisiert, der menschlichen Sexualität verheerenden Schaden zuzufügen. Wenn er Männer und Frauen an dieser Stelle verletzt, gehen die Wunden so tief wie kaum etwas anderes.

Seien Sie nicht überrascht, wenn Ihre sexuelle Intimität angegriffen wird. Die Heiligkeit des Ehebetts ist ein beliebter Kampfschauplatz. Vor der Ehe scheinen Verlangen und Leidenschaft noch kein Problem zu sein; sie im Zaum zu halten schon eher.

Doch häufig verwandelt sich nach der Heirat die Leidenschaft in Enttäuschung und das Verlangen in Zögern. Das geht nicht nur Ihnen so, sondern fast allen Ehepaaren. Weil wir zerbrochene Menschen sind, deren Lebensgeschichte oft ebenfalls von Zerbruch gekennzeichnet ist, fällt es uns häufig schwer, uns in der Ehe anhaltend und selbstvergessen an unserer Sexualität zu erfreuen. Doch vieles lässt sich zurückgewinnen, vieles kann Heilung erfahren.

Und das ist es wert, dass wir darum kämpfen.

Nun gut, wie also finden wir zu paradiesischen Zuständen in Sachen Sex zurück? Oder wenigstens zu den Zuständen irgendeines Kaffs im Umkreis von 100 Kilometern um den Garten Eden herum?

Es fängt damit an, dass Sie Ihrem Partner Ihre Stärke beziehungsweise Ihre Schönheit auch außerhalb des Schlafzimmers anbieten. Die Art, wie Sie im Alltag miteinander leben, ebnet den Weg zum Schauplatz Ihrer Liebesnächte – das bereitet Ihre Herzen darauf vor und heilt Ihre Gefühle füreinander, sodass in Ihnen eine tiefe, ganzheitliche Sehnsucht nach Ihrem Ehepartner geweckt wird.

Der nächste Schritt kann einem riesig erscheinen: *Reden Sie darüber.* Reden Sie miteinander über Ihr Sexleben. Wenn Sie darüber ehrlich und offen sprechen, nehmen Sie Spekulationen den Wind aus den Segeln. Außerdem verlangt so ein Gespräch auch, dass Sie Ihre Gefühle in Bezug auf Sex sortieren, was auch eine sehr gute Sache ist. Überall da, wo Dinge einfach laufen gelassen oder vernachlässigt werden, machen sich Spinnweben breit. Doch Ihr Herz sollte an dieser Stelle möglichst frei und engagiert sein. Wenn das nicht der Fall ist, sollten Sie sich fragen, warum das so ist. Als Nächstes sollten Sie beten. Laden Sie Jesus in Ihr Ehebett ein.

Welch ein Überfluss herrscht in der Schilderung des ersten Mose-Buches zwischen Adam und Eva – welch eine Freiheit im Umgang mit ihrem Körper und mit ihrer Sexualität und mit ihrem ganzen Sein. Wäre es nicht wunderbar, wenn wir das zurückgewinnen könnten? Jesus hat gesagt: „Der Menschensohn ist gekommen, zu suchen und selig zu machen, was verloren ist" (Lukas 19,10; Luther).

Die Hoffnung in dieser Verheißung ist wie ein Sonnenaufgang. Gott ist dabei, die Dinge wiederherzustellen, die uns so viel bedeuten. Welch eine Entlastung. Wir haben einen ungeheuer mächtigen Helfer an unserer Seite. Er versteht etwas von der Auferstehung.

Lieber Gott, danke für das Geschenk sexueller Intimität mit meinem Ehepartner. Ich lade dich in unser Ehebett ein. Schenk uns die Nähe und die Freude und die Freiheit, die du dir für unsere Beziehung ersehnst. Lass uns einander neu unsere Stärke und Schönheit anbieten – jeden Tag –, und festige unsere Ehe durch Vertrauen, Freundschaft, Intimität und tiefes Verlangen nach unserem Partner. Nimm uns die Angst, die wir in diesem Bereich haben, und schenk uns Heilung und Lebendigkeit. Amen.

So folgt nun Gottes Beispiel als die geliebten Kinder und lebt in der Liebe, wie auch Christus uns geliebt hat und hat sich selbst für uns gegeben als Gabe und Opfer, Gott zu einem lieblichen Geruch.
Epheser 5,1-2 (Luther)

(Es gibt viele Gründe für sexuelle Schwierigkeiten, darunter auch einige sehr ernste. Behandeln Sie Ihre Sexualität wie einen kostbaren Schatz! Nehmen Sie diese Dinge ernst. Die Hilfestellungen, die wir Ihnen in unserem Buch *Das wilde Herz der Ehe* anbieten, können Sie einer erneuerten, von tiefer und ge-

genseitiger Freude geprägten sexuellen Beziehung ein gutes Stück näher bringen. Doch es kann sein, dass die Dinge, über die wir sprechen, nicht die Ursache Ihrer sexuellen Probleme sind. Und selbst wenn sie es sind, bedeutet Verstehen noch nicht automatisch Heilung, und Klarheit führt nicht immer zur Wiederherstellung. Möglicherweise benötigen Sie dazu professionelle Hilfe. Zeigen Sie so viel Liebe zu Ihrem Ehepartner, dass Sie solche Hilfe in Anspruch nehmen!)

5. Tag
Unser Lohn – eine immer tiefere Liebesbeziehung

Der Winter ist vorbei mit seinem Regen. Es grünt und blüht, so weit das Auge reicht. Im ganzen Land hört man die Vögel singen; nun ist die Zeit der Lieder wieder da! ... Mach schnell, mein Liebes! Komm heraus, geh mit!
Hohelied 2,11-13

Besteht nicht die größte Freude menschlichen Seins in der Liebe? Und bereitet der Verlust von Liebe uns nicht den größten Schmerz? Bestätigen dies nicht auch die beiden wichtigsten Gebote: „Liebe den Herrn, deinen Gott, von ganzem Herzen ... Liebe deinen Mitmenschen wie dich selbst" (Lukas 10,27)?

Liebe ist unser Schicksal – Gott zu lieben, einander zu lieben. Das Herrschaftsbanner des Reiches Gottes ist Liebe. Es geht nicht um Bibellesepläne und um den sonntäglichen Kirchenbesuch, ja noch nicht einmal um eine pflichtbewusste Eheführung. Wenn Sie all das ohne Leidenschaft und Liebe tun, wird es Ihr Tod sein. Diese Geschichte ist als leidenschaftliche Liebesgeschichte gedacht. Mit Gott als Regisseur und mit Ihnen beiden als Hauptdarsteller. Ja, Ihre Ehe ist sehr, sehr wichtig!

Als Sie sich für die Ehe entschieden haben, haben Sie sich entschieden, in dieser Auseinandersetzung um das Herz der

Menschen an vorderster Front zu kämpfen. Sie wussten, Sie werden schweren Zeiten, Leid, Widerstand und Lügen begegnen. Das größte Risiko, das eine Frau eingehen kann, ist, daran zu glauben, dass sie begehrenswert ist, sich dem Begehren ihres Mannes zu öffnen und ihm immer wieder neu ihre innere Schönheit preiszugeben – und dabei zugleich ständig zu fürchten, sie könnte ihm nicht genügen. Das größte Risiko, das ein Mann eingehen kann, ist ihr seine Stärke anzubieten, ohne zu wissen, was am Ende dabei herauskommen mag. Es ist das Risiko, sich als Mann zu zeigen, bevor einem klar ist, ob man auch das Zeug dazu hat. Sein starkes Herz hinzugeben und zugleich zu fürchten, es könnte nicht genügen.

Sie beide werden es mit einer Lüge zu tun bekommen, die sich auf subtile und weniger subtile Weise zeigen wird. Sie lautet: „Es ist nicht zu schaffen. Es ist viel zu viel verlangt. Unsere Erwartungen waren völlig unrealistisch. Es ist der Mühe nicht wert."

Die Lüge, die Ihnen als Ehefrau begegnen wird, lautet: „Du bist eine einzige Enttäuschung." Und Ihnen als Ehemann wird die Lüge entgegentreten: „Du bist nicht Manns genug für diese Sache." Und darum hören Sie heute meine Worte und behalten Sie sie im Herzen, während Sie Ihren Weg weitergehen: Sie haben das Zeug dazu! *Du, Frau nach Gottes Herzen, bist ein strahlendes, funkelndes Juwel von einer Frau. Du bist ein kostbarer Schatz. Und du, Mann nach Gottes Herzen, du bist ein Mann. Du bist stark und kühn. Du hast das Zeug dazu!*

Bewahren Sie diese Worte in Ihrem Herzen. Sie können es schaffen, und es ist jede Mühe wert!

Lieber Gott, danke für meinen Ehepartner. Ich fasse jetzt und hier den Beschluss, dir zu glauben, dass ich „das Zeug dazu habe". Und ich bin genau der richtige Ehepartner für meinen Mann/meine Frau. Ich will es wagen, meinem/r Liebsten neu meine Liebe anzubieten. Es geht um Liebe, denn schließlich ist es eine Liebesgeschichte. Die Liebe steht im Zentrum. Du bist die Liebe. Lebe und liebe du heute durch mich, Vater. Hilf mir, mich mit deinen Augen zu sehen. Und lass mich meinen Ehepartner so sehen, wie du ihn siehst. Amen.

Vor allem lasst nicht nach in der Liebe zueinander!
1. Petrus 4,8

Übung

Nehmen Sie sich einige Minuten Zeit, um sich an etwas Gutes zu erinnern, das Sie als Paar in den letzten Tagen erlebt haben. Tauschen Sie sich wenn möglich anschließend mit Ihrem Ehepartner über diese Begebenheit aus. Erzählen Sie einander, was Sie dabei empfunden haben. Wenn Sie schon lange verheiratet sind, können Sie sich auch an besonders kostbare Momente Ihrer Ehe erinnern und Gott dafür danken.

Die achte Woche

Es gibt keinen besseren Weg!

1. Tag
Heilung

Gedenkt nicht an das Frühere und achtet nicht auf das Vorige! Denn siehe, ich will ein Neues schaffen, jetzt wächst es auf, erkennt ihrs denn nicht? Ich mache einen Weg in der Wüste und Wasserströme in der Einöde.
JESAJA 43,18-19 (LUTHER)

Niemand kommt durch diese zerbrochene, gefallene, von Kämpfen gebeutelte Welt hindurch, ohne Schaden anzurichten. Und viel von dem Schaden, den Sie angerichtet haben und von dem Sie vielleicht noch nicht einmal wissen, entspringt Ihrem persönlichen unbewussten Beziehungsstil. Die Folgen von Sünde und Zerbrochenheit und die Folgen Ihres Lebensansatzes summieren sich über die Jahrzehnte. Und das hat Auswirkungen auf die Menschen in Ihrem Umfeld. Und für diese Auswirkungen werden Sie vermutlich um Vergebung bitten müssen.

Gestern habe ich (John) Gott gefragt: „Was brauchen unsere Leser, Herr? Was brauchen sie für ihre Ehen?" Er antwortete: „*Heilung.*" Also fragte ich weiter: „Wie soll diese Heilung vonstatten gehen?" Und er antwortete: „*Durch Vergebung.*"

Wenn Liebe, Hoffnung und Verlangen neu erwachen sollen, dann kann das nur durch Vergebung geschehen. Wenn es erweiterte Horizonte in Ihrer Beziehung geben soll, sodass Sie über Probleme sprechen und anders mit Konflikten umgehen können, dann kann das nur durch Vergebung geschehen.

Beruhigen Sie sich. Atmen Sie tief durch. Wir wissen, das klingt nach einer Wurzelbehandlung ohne Betäubung, aber Gott ist bei Ihnen. Sie sind geliebt. Ihnen ist bereits vergeben. Sie sind sicher und geborgen. Sie haben nur einfach etwas wiedergutzumachen.

Lieber Herr, bitte zeig mir meinen Beziehungsstil und den Schaden, den ich dadurch meinem Ehepartner und anderen Menschen zugefügt habe. Ich bitte dich um Heilung für meine Ehe. Ich weiß, wo mein Partner mich verletzt hat – oft besser als er/sie. Aber der Schaden, den ***ich*** *angerichtet habe, ist mir weniger bewusst. Zeig du mir das, damit ich umkehren kann – wahrhaftig und von Herzen. Ich wünsche mir alle nur erdenkliche Heilung, Vater, und ich bitte dich darum. Und ich bitte um Mut. Amen.*

Allem bin ich gewachsen durch den, der mich stark macht.
Philipper 4,13

2. Tag
Vergebung

Rings um mich machte er es weit und frei.
Er liebt mich, darum half er mir.
Psalm 18,19

Es wird der Anbruch eines neuen Tages und ein Moment tiefer Heilung sein, wenn Sie anfangen, sich gegenseitig um Vergebung zu bitten. Setzen Sie sich zusammen hin und sagen Sie (wenn Sie wissen, wo Sie Vergebung nötig haben): „Ich weiß, dass ich dich um Vergebung bitten muss wegen ...“ Oder (wenn Sie es nicht wissen) fragen Sie einfach: „Wie ist das Zusammenleben mit mir? Welche Auswirkungen hat mein Beziehungsstil in all den Jahren auf dich gehabt? Hat er dazu geführt, dass du in bestimmten Lebensbereichen die Hoffnung aufgegeben hast? Ich möchte das wirklich wissen, und ich weiß auch, dass ich deine Vergebung brauche.“ Das wäre sicher ungeheuer heilsam.

Nun, wir wissen – wir wissen es wirklich! –, das klingt wie die Aufforderung, aus einem fliegenden Flugzeug zu springen. Da schreit etwas in Ihnen: *Nicht um alles in der Welt!*

Wir verstehen diese Angst. Aber, liebe Freunde, Sie können diese Dinge nicht ignorieren. Die Anhäufung all dieser Kränkungen, der großen wie der kleinen, bringt eine Ehe zum Zusammenbruch, weil unser Herz irgendwann dicht macht – zumindest ein Teil von uns: Wir verschließen uns, wir steigen aus und nehmen innerlich den Bus nach Irgendwo: *Es wird sich nie etwas ändern. Es scheint ihm/ihr egal zu sein, was das alles für mich bedeutet. Ich werde mir einfach keine Sehnsucht mehr erlauben. Ich will keine Hoffnung mehr haben.*

Sie möchten doch nicht, dass Ihr Ehepartner zu diesem Schluss kommt! Und deshalb können Sie die Auswirkungen Ihres Verhaltens nicht einfach übergehen und auf bessere Zeiten hoffen.

Sie wissen, dass auch Ihre vertraute Beziehung zu Gott durch Ihre Schuld, Ihre Gleichgültigkeit, Ihren Unglauben, Ihre Abhängigkeiten gestört wird. Um sich ihm wieder zu nähern und die Beziehung wiederherzustellen, müssen Sie sagen: „Es tut mir leid. Bitte vergib mir. Ich will wieder deine Nähe erleben, Jesus. Vergib mir diesen Zornesausbruch ... diese Maßlosigkeit ... oder dass ich dich über Wochen ignoriert habe. Ich liebe dich wirklich."

Das ist für unser geistliches Leben unerlässlich. Und Sie wissen auch, dass man so etwas nicht nur einmal macht. Unsere Beziehung zu Gott wird durch Vergebung gestärkt, geheilt, erneuert – immer und immer wieder.

Ohne Vergebung kommen Sie geistlich nicht vom Fleck. Auch die Ehe kommt ohne Vergebung nicht vom Fleck.

Lieber Gott, ich bitte dich, schenk für mich und meinen Ehepartner eine Zeit, in der wir wirklich miteinander reden können. Gib mir die richtigen Worte und meinem Ehepartner die Bereitschaft, mir zuzuhören. Ich bitte dich um Weisheit und das richtige Timing und um Gnade. Vor allem aber bitte

ich dich um Liebe. Ich bin an meinem Ehepartner schuldig geworden. Aber das bedeutet nicht, dass ich ein Versager bin. Ich kann und möchte in der Liebe wachsen. Hilf uns, einander zu vergeben und wieder enger zusammenzuwachsen. Amen.

Seid nicht nachtragend, wenn euch jemand Unrecht getan hat, sondern vergebt einander, so wie der Herr euch vergeben hat.
Kolosser 3,13

3. Tag
Liebe zeigt sich in vielen kleinen Entscheidungen

Die Liebe ist geduldig und gütig. Die Liebe eifert nicht für den eigenen Standpunkt, sie prahlt nicht und spielt sich nicht auf. Die Liebe nimmt sich keine Freiheiten heraus, sie sucht nicht den eigenen Vorteil. Sie lässt sich nicht zum Zorn reizen und trägt das Böse nicht nach. Sie ist nicht schadenfroh, wenn anderen Unrecht geschieht, sondern freut sich mit, wenn jemand das Rechte tut. Die Liebe gibt nie jemand auf, in jeder Lage vertraut und hofft sie für andere; alles erträgt sie mit großer Geduld.

1. Korinther 13,4-7

Wir alle erwarten, dass die Liebe von dramatischen Effekten begleitet wird. Wir wissen, wie gewaltig und schön Liebe ist. Doch warum fühlt sie sich nicht immer so an?

Liebe drückt sich auch auf scheinbar ganz unspektakuläre Weise aus – Sie sammeln Ihre Socken vom Boden auf, Sie überhören den bissigen Kommentar Ihrer Frau, Sie klappen den Toilettensitz nach unten. Liebe zeigt sich in unzähligen kleinen Entscheidungen, die oft unbemerkt bleiben. Das macht Liebe so schön.

Manchmal ist es einfach eine Berührung. Ich (John) war heute Morgen etwas „stachelig", als ob es etwas gäbe, worüber ich mich ärgern müsste, ohne zu wissen, was es war. Ich fühlte mich einfach weder liebevoll noch liebenswert. Nun mag Stacy es aber, wenn wir uns morgens eine Weile im Arm halten. Ich weiß, dass es ihren ganzen Tag aufhellt, wenn sie am Morgen als Erstes von mir liebevoll berührt wird.

Doch mir war nicht danach, ihr das zu geben. Ich war nicht gänzlich auf Rückzug gestimmt, nur so ein bisschen widerspenstig. Bevor sie zur Küchentür hereinkam, wandte ich mich zum Fenster, um ein Reh zu beobachten, und drehte ihr den Rücken zu. So richtig stachelig eben. Stacy trat von hinten an mich heran und berührte mich liebevoll. Was für ein wunderbarer Entschluss von ihr! Die Stacheln fielen förmlich von mir ab, so als würde man die Samenschirme von einer Pusteblume wegblasen.

Viele dieser kleinen Entscheidungen sind „geheim", insofern, als sie der Ehepartner gar nicht wahrnimmt. Es sind eher Entscheidungen zwischen uns und Gott. *Ich mache die Besorgungen. Wir können auch deine Lieblingssendung anschauen. Ja, du kannst das Licht gerne dimmen. Nein, es macht mir nichts aus, wenn du heute Abend ohne mich ausgehst. Magst du einen von meinen Keksen probieren?* Solche Augenblicke begegnen uns jeden Tag zuhauf. Sie bleiben oft ungesehen, werden nicht groß angekündigt und sind unendlich kostbar.

Es sind diese kleinen Entscheidungen, die wir Tag für Tag treffen. Durch sie gewinnt die Liebe in unserem Herzen Gestalt. Durch sie wird unsere Ehe zu dem, wonach wir uns sehnen. Diese Entscheidungen verändern uns. Wir lernen, was es heißt, zu lieben.

Lieber Vater, jetzt verstehe ich dich. Ich bin auf dieser Welt, um zu lernen, was es heißt, wahrhaft zu lieben. Bitte bring es mir bei. Verwandle mich in einen liebevollen Menschen – in jemanden, der für seine liebevolle Art bekannt ist. Hilf mir, mich heute immer wieder für meinen Ehepartner zu entscheiden – in den vielen kleinen Dingen. Du siehst es, selbst wenn er/sie es nicht wahrnimmt. Dann wird es eben unser kleines Geheimnis sein! Ich vertraue dir heute unsere Ehe an. Lass sie zu etwas Schönem werden, Herr. Amen.

Ihr Lieben, wir wollen einander lieben!
1. Johannes 4,7

4. Tag
Warum?

Nur bei Gott komme ich zur Ruhe.
Psalm 62,2 (HFA).

Warum um alles in der Welt sollte sich jemand von ganzem Herzen in ein so gefährliches, kostspieliges und ungewisses Abenteuer werfen? (Denn „von ganzem Herzen" ist die einzige Art, wie wir leben können und wie Liebe funktionieren kann; das weiß ich ganz sicher.)

Meine Antwort hat sich mit den Jahren verändert. Zum einen entspricht es dem Mann, der ich sein will. Das ist ein Teil der Antwort. Der tiefe Wunsch, sein Leben gut und richtig führen zu wollen, tut der Seele so gut und stellt so viel Verlorenes wieder her, dass es einen geradezu süchtig machen kann. Ja, ich nehme mein Eheversprechen ernst, auch wenn ich am Tag meiner Hochzeit noch keine Ahnung hatte, was ich da versprach. Doch da ist noch etwas Tiefergehendes, das mich wie eine Berufung ereilt – etwas Reicheres, von dem ich kosten durfte, das mich dazu drängt, das alte Leben, das ich immer wieder neu aufzubauen beginne, loszulassen, damit ich lernen kann, wie man liebt.

Ich will *Gott.*

Können Sie einen besseren Grund nennen? Es gibt einfach keine andere Quelle des Lebens. Es gibt keinen anderen Wasserfall der Freude. Gott selbst ist das Glück, nach dem wir uns sehnen. Das versucht uns die Bibel begreiflich zu machen. Über die vielen Generationen hinweg stimmen alle, die Gott kennengelernt und darüber geschrieben haben, darin überein.

Doch Sie werden einen hohen Preis bezahlen, wenn Sie diese Wahrheit schließlich in Ihrem eigenen Leben Raum gewinnen lassen. „Es gibt kein anderes Glück als Gott und unsere Verbundenheit mit ihm“, hat Blaise Pascal geschrieben. Aber Junge, Junge, wie viel Glück erwartet uns, wenn wir Gott erst einmal gefunden haben!

David genoss die Freundschaft Gottes – nachdem er alles andere ausprobiert hatte – und kam zu dem Schluss: „Deine Liebe bedeutet mir mehr als das Leben“ (Psalm 63,4). Mehr als das Leben – das bedeutet: „Ich würde ohne Zögern mein Leben für die Liebe Gottes hingeben.“

Gott möchte, dass Sie diese Wahrheit für sich persönlich entdecken. Er möchte, dass Sie *ihn selbst* auf diese Weise entdecken.

Das Leben als Christ ist wie die Kapelle von San Vitale in Ravenna. Von außen betrachtet ist sie nicht sehr beeindruckend. Man könnte sie für eine Bücherei halten. Doch ihr Inneres ist absolut atemberaubend. Die Wände sind mit byzantinischen Mosaiken bedeckt, die Gewölbedecken Bogen für Bogen mit Blattgold belegt, und der Boden besteht aus graviertem Marmor. Es ist, als trete man in eine andere Welt ein – wie in ein Märchen. Man baute diese Kapelle im Gedenken an den Zimmermann von Nazareth. Von außen betrachtet entspricht auch er nicht unserer Vorstellung von einem „Superhelden“. Doch im Innern ist er die faszinierendste Person, der Sie jemals begegnen werden. Er wird Ihnen den Atem rauben.

Lieber Vater, ich will dich! Darum entscheide ich mich für die Liebe. Ich weiß: Jedes Mal, wenn ich mich entschließe zu lieben, komme ich dir ein Stück näher. Und ich will dich so gut kennenlernen wie David. Ich will selbst schmecken, wie gut du bist, und von diesem Festmahl will ich nie wieder ablassen. Jesus, du bist faszinierend. Du bist stark und gut und großherzig und mutig und wahrhaftig. Lass mich dich mehr und mehr kennenlernen. Nimm mir den Atem. Amen.

Sorgt euch vor allem um Gottes neue Welt, und lebt nach Gottes Willen! Dann wird er euch mit allem anderen versorgen.
MATTHÄUS 6,33 (HFA)

5. Tag
Es lohnt sich!

Die Liebe hört niemals auf.
1. Korinther 13,8 (Luther)

Eine gute Ehe ergibt sich nicht von selbst. Wenn wir uns verlieben, gibt Gott uns dadurch einen Schubs in die richtige Richtung. Doch dann müssen wir uns entscheiden. Und man braucht schon einen wirklich zwingenden Grund, um Tag für Tag und Jahr für Jahr sein Leben hinzugeben. Um diese unzähligen kleinen Entscheidungen zum 1001sten Mal zu treffen. Es muss uns etwas dazu *zwingen.*

Was könnte zwingender sein als das? Wenn wir uns selbst hingeben, um zu lieben, sind wir am Ende dem Einen näher, der sich schon immer so hingegeben hat. Wir finden Gott.

Ja, die wahre Liebe kostet uns alles. Denken Sie nur an das Kreuz. Doch die Liebe ist es *immer* wert.

John und ich sind nun seit über 25 Jahren verheiratet, und ich kann Ihnen ehrlich sagen, dass es immer besser und besser wird. Ich habe ihn schon von ganzem Herzen geliebt, als wir heirateten. Doch Gott hat mein Herz und auch meine Liebe weiter gemacht. Das hat mich einiges gekostet. Es hat John einiges gekostet. Und es kostet uns weiterhin etwas. *Doch so ist das bei jedem großen, unschätzbaren, wunderschönen Schatz, der es wert ist, dass man ihn besitzt.*

Wir leben in einer Liebesgeschichte, die inmitten einer kriegerischen Auseinandersetzung spielt. Die wahre Liebe ist unsere Bestimmung, und die Hölle will uns daran hindern, diese Bestimmung zu leben. Wir wachen jeden Morgen auf und erkennen, dass wir uns den Weg zurück zu all dem erkämpfen müssen, was wahr ist. Wir müssen gegen all die unzähligen Gründe ankämpfen, die uns locken, uns mit weniger als dem vollen Leben zufriedenzugeben, zu dem wir geschaffen wurden. Unser Körper wacht auf, aber dann müssen auch unser Herz und unsere Seele aufgeweckt werden, damit wir unsere Rolle in Gottes großer Liebesgeschichte spielen können. Und Gott hat unser Herz so geschaffen, dass nichts uns wacher macht als eine große Mission, die nur wir allein erfüllen können.

Sie haben eine Mission. Ihr Ehepartner braucht Sie. Das Reich Gottes braucht Ihre Ehe. Und Gott ist auf Ihrer Seite. Es wird sich lohnen.

Lieber Herr, danke für deine Liebe. Sie umgibt mich, füllt mich, macht mich zu dem, was ich bin – ob ich es fühle oder nicht. Danke für unsere Ehe. Lass mich meinen Part in deiner großen Liebesgeschichte spielen. Hilf mir, meinen Ehepartner wahrhaftig zu lieben. Mach unsere Ehe zu einem sicheren Hafen, zu einem geheiligten Ort und zu einem Licht für die Welt. Ich entscheide mich heute für meinen Ehepartner und für dich. Danke, dass du dich für mich entschieden hast. Ich liebe dich von Herzen! In Jesu Namen. Amen.

Nun aber bleiben Glaube, Hoffnung, Liebe, diese drei; aber die Liebe ist die größte unter ihnen.
1. Korinther 13,13 (Luther)

Übung

Nehmen Sie sich diese Woche Zeit, um aufzuschreiben, wo und wie Gott durch die Andachten dieser vergangenen acht Wochen Ihr Herz berührt hat. Welche Gedanken waren neu für Sie? In welchen Bereichen wollen Sie wachsen? Welche sichtbaren Schritte können Sie tun, um die Beziehung zu Ihrem Ehepartner zu vertiefen?
Bitten Sie einen vertrauenswürdigen Freund oder Pastor, mit Ihnen für Ihre Ehe zu beten, und verabreden Sie eine ungestörte Zeit mit Ihrem Ehepartner, um sich über das auszutauschen, was Sie beide gerade lernen.
Vergessen Sie nie: Sie sind geliebt. Ihnen ist vergeben. Sie sind geborgen und sicher. Gott ist für Sie. Sie können es schaffen. Und es lohnt sich!

Ein beeindruckendes Buch zum Thema „Ehe“.

John & Stacy Eldredge:
Das wilde Herz der Ehe
Warum aus beinahe jeder Liebesgeschichte ein Kampf wird. Und was Sie gemeinsam tun können, um diesen Kampf zu gewinnen.

ISBN 978-3-86591-557-3
Gebunden · 256 Seiten

Leblose Ehen. Ein weit verbreiteter Zustand. Wir geben auf, was wir erträumten und wozu wir letztlich geschaffen wurden. Aus viel zu vielen Liebesgeschichten voller Romantik wird schließlich ein verzweifelter Kampf. Eine dauerhafte Liebesbeziehung scheint wie kein zweites Ziel auf dieser Welt zum Scheitern verurteilt.

Doch Ihre Ehe ist Teil einer viel größeren Geschichte. Es geht um das wilde Herz der Ehe, um Leidenschaft füreinander und die Leidenschaft Gottes, wenn es um uns Menschen geht. Es geht um die hohe Berufung der Ehe, die ein Teil des großen Abenteuers Gottes mit dieser Welt ist.

„Verheiratet zu sein kostet Sie alles. Aber die Liebe ist es immer wert.“
John & Stacy Eldredge